Pensamento Vencedor

Ryuho Okawa

Pensamento Vencedor

Estratégias para Transformar
o Fracasso em Sucesso

Editora
Cultrix
SÃO PAULO

Título original: *Invincible Thinking.*

Copyright © 1995 Ryuho Okawa.

Publicado originalmente como *Josho-Shikou* por IRH Press, Co, Ltd. em 1995.

Tradução © 2006 Happy Science.

Todos os direitos reservados. Nenhuma parte deste livro pode ser reproduzida ou usada de qualquer forma ou por qualquer meio, eletrônico ou mecânico, inclusive fotocópias, gravações ou sistema de armazenamento em banco de dados, sem permissão por escrito, exceto nos casos de trechos curtos citados em resenhas críticas ou artigos de revistas.

A Editora Pensamento-Cultrix Ltda. não se responsabiliza por eventuais mudanças ocorridas nos endereços convencionais ou eletrônicos citados neste livro.

Dados Internacionais de Catalogação na Publicação (CIP)
(Câmara Brasileira do Livro, SP, Brasil)

Okawa, Ryuho, 1956- .
    Pensamento vencedor : estratégias para transformar
o fracasso em sucesso / Ryuho Okawa ; [tradução
Happy Science]. -- São Paulo : Cultrix, 2008.

    Título original: Invincible thinking.
    ISBN 978-85-316-1007-3

    1. Conduta de vida 2. Happy Science (Organização) -
Doutrinas 3. Sucesso I. Título.

08-01709   CDD-291.4

Índices para catálogo sistemático:
1. Pensamento vencedor : Espiritualidade :
    Religião   291.4

O primeiro número à esquerda indica a edição, ou reedição, desta obra. A primeira dezena à direita indica o ano em que esta edição, ou reedição, foi publicada.

Edição	Ano
1-2-3-4-5-6-7-8-9-10-11	08-09-10-11-12-13-14

Direitos de tradução para a língua portuguesa
adquiridos com exclusividade pela
EDITORA PENSAMENTO-CULTRIX LTDA.
Rua Dr. Mário Vicente, 368 — 04270-000 — São Paulo, SP
Fone: 6166-9000 — Fax: 6166-9008
E-mail: pensamento@cultrix.com.br
http://www.pensamento-cultrix.com.br
que se reserva a propriedade literária desta tradução.

Sumário

Prefácio 9
Prefácio à nova edição 11

Primeira parte: *A fonte da vitória* 13

1. As qualidades necessárias a um líder 15
2. a auto-reflexão produz líderes 17
3. Os sofrimentos são indispensáveis ao
   crescimento espiritual 21
4. Aprenda tudo o que for possível com
   uma provação 23
5. Não leve uma vida de desculpas 26
6. A determinação e a força de vontade abrem
   caminho 29
7. Usando a criatividade para ser vencedor 32
8. Transcendendo a limitação individual 35
9. Dois segredos para ter sucesso 38
   1) Descubra uma demanda 39
   2) Pense em mais desenvolvimento 40

10. A saúde financeira ajuda a superar as dificuldades . 41

11. Descobrindo o seu eu vencedor 43

Segunda parte: *Revolucionando a sua perspectiva* . . . 49

1. A importância de criar idéias novas 51

2. Encontrando uma terceira alternativa 53

3. Pensando de outro modo a fim de criar
· positividade 58

4. Usando o fracasso como trampolim 64

5. Nada é insignificante no mundo criado por Deus . 66

6. Confronte seu karma com uma atitude positiva . . 68

7. Cada um o avalia de um modo diferente 72

8. Programe-se para viver até os 120 anos 72

9. É possível prolongar a vida mediante o esforço . . . 75

Terceira parte: *Vida e vitória* 79

1. Quando uma filosofia irradia luz 81

2. Como ter uma vida saudável 82

   1) As condições físicas restringem o coração
   (mente) 82

   2) Aprender a controlar o corpo físico 84

   3) Cuidar do corpo cabe ao indivíduo 86

   4) A relação entre o corpo e o coração (mente) . . . 88

3. A criação de riqueza 90

   1) Os problemas relacionados com a disposição
   religiosa 90

   2) A riqueza como meio de alcançar a felicidade . . 91

SUMÁRIO

3) A pobreza eivada de inveja é errada 93
4) Os três princípios básicos para a criação da
riqueza 94
4. O cônjuge e o lar 99
1) Comece por criar um eu ideal 99
2) Você compreende profundamente o seu
parceiro? 103
3) Você precisa se empenhar em ser o par
perfeito 106
5. Encontros que alteram o destino 108
1) Busque encontrar uma pessoa "nobre" 108
2) Ouça com humildade aquilo que lhe disserem . 111
3) Seja grato de coração 113
6. Um legado espiritual 113
1) A virtude como legado espiritual 113
2) Duas maneiras de se tornar virtuoso 115

Quarta parte: *O poder do pensamento vencedor* 119

1. Uma teoria que liga a auto-reflexão ao
desenvolvimento 121
2. O poder do pensamento vencedor no mundo
fenomênico 123
3. Transformar as dificuldades em força da alma . . . 124
4. Ser senhor do seu próprio tempo 126
5. A energia do bambu que cria os nós 128
6. Criando anéis anuais num meio rigoroso 132
7. Pensar como um maratonista 134
8. O efeito cumulativo 136

— 7 —

9. Preparar-se para o passo seguinte em vez de
ficar esperando a sorte .141
10. Se as condições forem favoráveis, espalhe as
sementes do amor 144
11. Vise a uma meta um degrau acima 147
12. Pense com flexibilidade e transforme a dificuldade
em vantagem 149
13. Rumo a uma vida de sucesso cotidiano 150

Posfácio 155
Happy Science 157

Prefácio

O pensamento vencedor é uma filosofia capaz de promover o verdadeiro triunfo na vida. Eu não tenho a menor intenção de recomendar um método vulgar qualquer para alcançar o sucesso. A filosofia apresentada neste livro é importante para todos, independentemente de sexo, idade ou nacionalidade. Pouco importa que você seja moço ou velho, homem ou mulher, pouco importa a sua nacionalidade, se pegar este livro e o ler até o fim, garanto que verá claramente o caminho do sucesso abrir-se à sua frente.

A vida pode ser comparada a um túnel sendo aberto em uma montanha; podem-se encontrar obstáculos criados pela água ou por uma rocha dura. Mas você conta com o pensamento vencedor, que é a dinamite capaz de explodir a rocha, a broca que perfura todas as barreiras até que você atinja os seus objetivos.

Se estudar e saborear este livro, fazendo da filosofia nele contida a sua própria força pessoal, você poderá declarar com orgulho que nunca mais saberá o que é fracasso, só conhecerá o sucesso.

Ryuho Okawa
Happy Science

Prefácio à nova edição

Este livro, escrito numa linguagem simples e acessível, nos dá dicas de como ter sucesso na vida. Publicado pela primeira vez em 1989, já vendeu mais de dois milhões de exemplares no Japão e é um dos preferidos pelos líderes de todos os setores, inclusive pelos políticos e empresários. As traduções permitiram aos leitores de todo o mundo entrar em contato com as idéias nele contidas. A Ciência da Felicidade, fundada por mim, é a maior religião do Japão e não pára de crescer, conquistando seu lugar entre as religiões mais importantes do mundo.

Mas, nesta época, muitos países enfrentam a desorganização política e econômica, causando grande mal-estar na população. Por esse motivo, eu quero divulgar a mensagem deste livro, que ensina que o fracasso não existe e infunde coragem e esperança nas pessoas.

O presente livro visa capacitar os leitores a se destacarem como líderes natos, capazes de mostrar o caminho certo aos demais. O pensamento vencedor é uma filosofia que possibilita o sucesso em qualquer situação; uma metodologia que permite colher ensinamentos tanto no sucesso quanto no fracasso, incentivando, dessa forma, o desenvolvimento da liderança. É um método de desbravar o futuro em quaisquer circunstâncias, recorrendo a uma combinação de pensamento positivo com auto-reflexão.

Ryuho Okawa
Happy Science

PRIMEIRA PARTE

A fonte da vitória

1. A fonte da vitória

1. As qualidades necessárias a um líder

As pessoas vivem tentando descobrir como há de evoluir a época em que elas vivem. Indagam quais são os verdadeiros valores e que caminho tomar; procuram quem seja capaz de lhes dar respostas e orientação. Portanto, quem quiser ser um líder de projeção tem de saber indicar o rumo certo.

Neste mundo, são muitos os que não sabem aproveitar adequadamente a capacidade, o tempo e o dinheiro que têm. Um líder precisa ser capaz de explicar, de maneira sucinta e clara, as novas tendências e o que as pessoas devem fazer — essa é a missão dos que despertaram verdadeiramente. O que é preciso fazer para ser um líder? Este é o tema deste livro.

Quais são as qualidades necessárias para ser um líder? Em primeiro lugar, ele precisa sempre enxergar o futuro, deve estar um ou dois passos à frente. Quem é mais capaz de prever as conseqüências dos fatos impressiona os outros, é considerado excepcionalmente capacitado.

Assim como as pessoas bem altas conseguem ver muito mais à frente, acredita-se que aqueles que se destacam são capazes de enxergar as coisas com mais clareza, graças à grandeza de caráter ou a dons espirituais. Pouco a pouco, aqueles que rodeiam quem possui tais qualidades vão se sentindo atraídos pelo que lhes parece fascinante em sua personalidade e o seguem de bom grado.

Eu disse que um dos pré-requisitos da liderança é a capacidade de prever o futuro, mas isso não basta. Mesmo que inicialmente seja respeitado como líder, se você não fizer senão prever possibilidades de fracasso e dar exemplos de insucesso, as pessoas não tardarão a se afastar.

Muitos aderiram e continuam aderindo à Ciência da Felicidade, da qual sou o presidente, e me parece que o motivo é terem a expectativa de que, por eles se unirem a nós, algo de bom lhes acontecerá. Ninguém embarca em um navio sentindo que ele vai afundar. É por prever um resultado bom que as pessoas ingressam no nosso movimento e dele desejam participar. Portanto, o segundo pré-requisito necessário para ser um líder é fazer com que os outros sintam que, seguindo-o e mantendo-se perto dele, podem esperar um futuro auspicioso — que algo bom acontecerá.

O terceiro pré-requisito para a liderança é ter não só o poder de descortinar um futuro brilhante, mas possuir também um passado de realizações que convença as pessoas e justifique a própria reputação. Todavia, essas realizações não são, necessariamente, uma série constante de feitos dignos de nota. Não importa o tipo de vida que você leva, as pessoas observam a maneira como você supera as dificuldades, e é nisso que residem as qualidades de um líder de destaque.

Se olharmos para as grandes figuras históricas, veremos que foram poucos os que nasceram em berço privilegiado. Mesmo os mais abençoados viram, num dado momento da existência, a maré da fortuna mudar, obrigando-os a enfrentar um forte contratempo ou uma adversidade. Na maioria dos casos, essa gente não nasceu cercada de conforto, mas, graças ao esforço pessoal, desenvolveu um grande poder de superar os obstáculos da vida. É na capacidade de superação dessas pessoas que muitos encontram uma força indescritível.

Até aqui eu indiquei três qualidades indispensáveis a um líder. Neste livro, vou apresentar o "pensamento vencedor", uma filosofia imprescindível para os líderes desta nova era. O pensamento vencedor é uma atitude: independentemente do que acontecer em sua vida, é sempre possível encontrar algo positivo e mudar qualquer situação em benefício próprio. Ao praticar esta filosofia, você se convencerá de que certas coisas como crise e sofrimento não existem, o que existe é apenas uma série contínua de oportunidades.

2. A auto-reflexão produz líderes

Talvez você sonhe como seria bom se todos os seus desejos se realizassem e se todos os caminhos se abrissem facilmente para você. Mas a verdade é que a gente aprende mais com os altos e baixos que enfrenta na vida. Pense na saúde, por exemplo. Muitos se sentem fortes e cheios de vitalidade; é bem provável que raramente parem para pensar na sua condição física. No entanto, quem se der ao trabalho de se perguntar se a doença, como antônimo de boa saúde, é fonte apenas de infelicidade talvez se surpreenda ao descobrir que a resposta é menos negativa do que imaginava.

Por que a gente fica doente às vezes? Sempre há um primeiro estágio, o período preliminar que antecede a enfermidade, quando já é possível perceber sinais de que algo não vai bem. O corpo começa a doer, a gente não se sente muito bem, não tem a mesma disposição para o trabalho. Em certo sentido, esse é o modo que a natureza encontrou para nos avisar que chegou a hora de diminuir o ritmo e descansar. Quem julga a saúde invulnerável só pára e só se permite um pouco de descanso se adoecer.

Quando você está prestes a "se exaurir" de tanto trabalhar, por vezes lhe acontece de adoecer para poder ter um descanso temporário, e isso lhe possibilita seguir vivendo intensamente e cumprindo a sua missão. Na verdade, a conseqüência da doença acaba sendo o prolongamento da sua vida. Se não tivesse adoecido, você acabaria "se exaurindo" de tanto trabalhar e deixando este mundo antes do tempo. Assim, para evitar que isso aconteça, a saúde se debilita e você é obrigado a se submeter a um período de recuperação.

O que significa essa recuperação, afinal? Não é um mero período de repouso físico. É um tempo em que você fica introspectivo e olha para dentro de si com mais vagar. Quando a pessoa se deixa absorver pelos eventos exteriores e se preocupa unicamente com os resultados, é comum ela esquecer de olhar para o seu eu interior.

Para simplificar, tomemos o exemplo de um homem que trabalha no departamento de vendas de uma empresa. Quando os negócios vão bem e ele está conquistando uma porção de clientes novos, por acaso esse homem encontra tempo para pensar em si mesmo com atenção? Há espaço em sua mente para considerações sobre a família ou as outras pessoas? Eu diria que na maior parte das vezes não. Ele só consegue enfrentar cada situação à medida que ela se apresenta.

Caso a sua meta seja vender quinze automóveis por mês, esse vendedor ficará felicíssimo se conseguir alcançá-la. Ficará mais do que satisfeito com o seu desempenho e é possível que se imponha uma meta ainda mais ambiciosa no mês seguinte, talvez dezoito carros. Entretanto, as pessoas assim, concentradas exclusivamente nos resultados, com a mente sempre voltada para o exterior, acabam experimentando reveses. O motivo disso é que, na maior parte dos casos, elas se esquecem de levar em conta os clientes, esquecem-se de averiguar se eles ficaram realmente satisfeitos com a compra.

Quando as coisas vão bem, as pessoas tendem a se preocupar com a própria satisfação e o próprio prazer e a excluir tudo o mais; em outras palavras, esquecem-se de levar em consideração o sentimento dos outros. Uma boa venda é, no sentido mais verdadeiro, aquela que continua proporcionando prazer mesmo depois de encerrada a transação. Por outro lado, o vendedor que estiver interessado apenas nos números e nos resultados, que não se preocupar com o produto em si, não há de perceber se os clientes se arrependeram da compra, se ficaram insatisfeitos.

Ao mesmo tempo em que se esfalfa para ganhar projeção numa sociedade altamente competitiva, esse tipo de gente parece não se importar muito com os outros; adota uma atitude falsamente positiva, voltada unicamente para o resultado. Não são poucos os que se acreditam a caminho do sucesso e não têm consciência de que estão vivendo um falso eu. Eles só crescerão se experimentarem um revés num momento qualquer da vida. Tal contratempo pode ocorrer no trabalho, mas também pode vir em forma de doença.

A natureza sempre proporciona oportunidades de auto-reflexão. Quando isso acontece, é comum você ficar altamente introspectivo, e esse momento é verdadeiramente muito importante para a sua alma. Quem nunca olhou para as profundezas de seu eu interior nem se analisou profundamente jamais será um líder de verdade.

3. Os sofrimentos são indispensáveis ao crescimento espiritual

Retomando o exemplo do vendedor, imaginemos que suas vendas continuem aumentando e que ele, sem demonstrar a menor consideração pelos outros, passe a ser o principal vendedor da empresa e seja promovido a gerente de vendas. Até então, pôde trabalhar no seu próprio ritmo e foi avaliado apenas pelos resultados. Mas agora que ele é gerente de vendas, o que será dos seus subordinados?

O nosso vendedor vai tentar fazer com que a equipe toda adote os seus métodos; em outras palavras, as únicas instruções que dará serão as metas de vendas, quantos carros por mês cada um deve tentar vender. Quem se mostrar incapaz de atingir tais metas será considerado inepto para o trabalho, uma carga para a empresa. E quem conseguir será visto como um bom empregado. Esse é o único critério com que ele é capaz de avaliar a equipe.

Fixado unicamente no número de vendas, o nosso gerente acabará ficando cada vez mais frustrado, pois, embora tenha certeza de que é capaz de vender quinze carros por mês, vê que seus subordinados não vendem senão três ou cinco unidades. Um bom gerente chamaria seus subordinados de lado e lhes ensinaria a ganhar novos clientes, mas ele por certo prefere se ocupar pessoalmente das vendas e, passando por cima da sua própria equipe, entra em contato direto com os clientes ou com os gerentes de outras empresas para fazer negócio. Seus subordinados ficam profundamente frustrados com o trabalho e dizem: "Bom, já que você quer fazer tudo sozinho, fique à vontade, faça." Resultado: os empregados nunca serão vendedores eficientes.

O que leva esse gerente particular a agir de tal modo é o fato de só estar interessado no seu próprio sucesso. Foi a única coisa que ele aprendeu; nunca deu importância à psicologia humana. Provavelmente fez o seu trabalho de maneira egoísta e arrogante. Aliás, as pessoas que se dão bem na área de vendas em geral tendem a ser egoístas e raramente são capazes de se auto-analisar.

Esse tipo de gente tem prazer em atropelar os outros para fazer negócio e se acredita estimado, pensa que todos estão abertos para ele. Mas, na verdade, assim que essa pessoa sai do escritório, os demais respiram com alívio. Coisa que alguns passam a vida inteira sem perceber. Gente assim não se dá conta do próprio egoísmo, e faz o discurso de vendedor com a firme convicção de que todos são seus amigos. É uma história muito comum.

Os subordinados mais cautelosos ou mais sensíveis nunca chegam a ter uma atitude arrogante como a do gerente. Jamais seguem o seu exemplo nem acatam as suas instruções na execução do trabalho; tratam, isto sim, de contar com a própria capacidade e com as próprias forças. Por exemplo, é possível que, para abordar um cliente, certo vendedor prefira puxar conversa sobre um *hobby* pessoal, procurando estabelecer uma relação de camaradagem. No entanto, para o gerente de vendas, há de ser bem frustrante observar esse tipo de atitude.

Os que são assim precisam dar descanso à alma em algum momento; precisam de tempo para se recuperar. Só quando sentem na própria pele um infortúnio ou adversidade é que conseguem entender os sentimentos alheios. Eles se julgam indispensáveis ao bom funcionamento da empresa e pensam que nada se faz sem a sua presença. No entanto, ficam chocados quando adoecem e acabam descobrindo que tudo corre perfeitamente bem na sua ausência. O maior choque é receber a visita dos colegas, no hospital, e ouvi-los dizer: "No escritório está tudo ótimo, portanto, não se preocupe com o trabalho." A verdade é que essas palavras de conforto produzem um grande sofrimento numa pessoa que, no fundo, espera que os colegas lhe implorem que retorne logo ao trabalho para que as coisas voltem ao normal.

Esse tipo de experiência estraçalha a sua realidade. É como se fosse um palhaço: ficou tão absorto no desempenho do seu papel, sob os holofotes, que nem percebeu que o público já foi embora. As pessoas assim precisam passar por algum tipo de provação, e isso não é um retrocesso, mas uma experiência essencial para os que desejam desenvolver maior estatura.

4. Aprenda tudo o que for possível com uma provação

As pessoas eficientes, quando arranjam um novo emprego, fazem o possível para ostentar sua capacidade. Esse comportamento é justamente o contrário do "amor que dá" pregado pela Ciência da Felicidade. É, isto sim, "amor que cobra", amor que pede aplauso. Quem age desse modo quer conquistar a admiração dos outros e, quando não consegue, tenta com mais empenho ainda. Curiosamente, quanto mais a pessoa tenta, mais os outros a menosprezam. Coisa que ela não consegue entender. Você também já deve ter vivido isso: quanto mais tenta, menos é reconhecido.

Essa gente exageradamente ávida acaba se dando conta de que não faz senão cobrar amor. Na companhia de uma pessoa tão empenhada em receber elogios e reconhecimento, a gente se sente "sugada" a cada elogio que faz. Ao aplaudir quem tanto e tão notoriamente se esforça para ser aplaudido, a gente tem a sensação de estar perdendo alguma coisa.

É bem provável que, entre as pessoas da sua convivência, você não tenha dificuldade para identificar as que se comportam como quem quer aplauso. Você não tem parentes ou colegas que mal conseguem dissimular o desejo de ser reconhecido ou elogiado? Normalmente, trata-se de pessoas que oferecem menos motivo de elogio ou aplauso, coisa que as torna ainda mais obstinadas em obtê-lo. Esse círculo vicioso prossegue até que os outros finalmente passem a tachá-las de exibicionistas, e é aí que começa o dilema. A pessoa fica decepcionada porque, embora esteja dando o melhor de si, ninguém reconhece o seu esforço. Então passa a acreditar que o mundo é um lugar muito injusto, povoado de gente incapaz de reconhecer o sacrifício alheio.

A verdade é que aquele que está empenhado em ser reconhecido, não consegue enxergar os aspectos positivos dos outros. Quando a sua única preocupação é receber elogios pelo seu esforço pessoal, você tende a ter a ilusão de que as pessoas existem apenas para isso, para apoiá-lo. Em outras palavras, quem só se interessa pelo próprio sucesso pessoal não faz ninguém feliz. As pessoas são muito sensíveis. Quando percebem que não ficam bem na companhia de certo indivíduo, afastam-se dele. Depois começam a criticá-lo, a tratá-lo com grosseria, a falar mal de quem vive correndo atrás de elogios. É assim que a situação piora sem cessar e resulta exatamente no contrário do que se esperava.

Portanto, mesmo que tenha um revés no trabalho ou que a maré se volte contra você, não veja as coisas negativamente. Elas estão lhe oferecendo uma oportunidade não só de fortalecer a alma, mas também de compreender mais profundamente as outras pessoas. É possível que você tenha sido autocentrado a ponto de acreditar que a empresa não funcionaria na sua ausência, mas vai ver que, na realidade, tudo continua às mil maravilhas. Infelizmente, o mundo é assim.

Na vida profissional, quando uma pessoa se afasta, não falta quem tome o seu lugar. Mesmo um diretor, geralmente considerado indispensável, não tarda a ser substituído. Em outras palavras, numa empresa, o trabalho não é obra de uma única pessoa, mas o resultado da atuação conjunta de toda a equipe. Se você pode mostrar a sua capacidade, é graças ao esforço dos outros. Eis uma coisa que não vale a pena esquecer.

Assim, se estiver às voltas com algum malogro, com alguma adversidade, olhe para trás e analise a sua vida nos últimos anos ou nas últimas décadas. Verifique se você não permitiu que ela se desequilibrasse ou se não esteve de tal modo concentrado em angariar aplauso que se esqueceu de dar crédito aos outros pelo que fizeram. Convém pensar nisso.

É muito importante ser capaz de olhar para si mesmo nesses termos. São inúmeras as ocasiões em que a vida nos dá uma oportunidade de crescer, e aqueles que emitem a verdadeira luz certamente conseguiram superar dificuldades no passado. As pessoas que triunfam sobre as dificuldades e são capazes de transformá-las em força brilham com uma luz interior, ao passo que as que se deixam levar de roldão pela adversidade permanecem na sombra e não têm senão trevas para dar. A dificuldade que você enfrenta, seja ela qual for, não há de durar muito, de modo que é importante aproveitar a oportunidade e aprender todas as lições que ela tem a oferecer.

5. Não leve uma vida de desculpas

Em face de um infortúnio, procure não se sentir a única pessoa em tal situação. Isso também vale para quem está doente ou às voltas com um fracasso ou um revés em suas ambições. A gente tende a sentir que é a única pessoa que já teve de enfrentar tais situações.

Quando algo ruim acontecer, abra os olhos e o coração e olhe para as pessoas que o cercam. Você vai perceber que as bem-sucedidas nem sempre tiveram tanta sorte. Entre elas, decerto, há quem já fracassou e enfrentou adversidades, mas, num esforço extremo, fez do infortúnio um trampolim para o sucesso.

Pense em quanta gente há de estar no mesmo barco que você. São tantas as doenças que existem, por exemplo, as cardíacas, o câncer e uma infinidade de distúrbios físicos. Seja qual for o seu problema, você não é o único a enfrentá-lo; sempre há muitos outros na mesma situação.

Franklin D. Roosevelt (1882–1945) foi o conhecido presidente dos Estados Unidos que se viu preso a uma cadeira de rodas. Em geral, quem depende da cadeira de rodas acha difícil ser socialmente ativo, mas ele, apesar da invalidez, continuou cumprindo as obrigações de presidente. Foi um grande homem à medida que, longe de viver uma vida de desculpas, tratou de fazer o que lhe parecia que precisava ser feito. Teve disposição para se esforçar e superar a invalidez.

Nos Estados Unidos, há ainda o exemplo de uma mulher que conseguiu se alçar a um dos cargos mais elevados do país. Tendo perdido o marido quando ainda era muito jovem, foi rejeitada pelos filhos, empobreceu e ficou muito doente. Não obstante essas circunstâncias tão desfavoráveis, chegou a um dos postos mais altos do governo.

PENSAMENTO VENCEDOR

Gente assim é capaz de extrair da adversidade importantes lições de vida. Todos os que, mesmo partindo das profundezas do infortúnio, conseguem galgar posições a que as pessoas comuns nem se atrevem a aspirar têm algo em comum. Eu gostaria de expor o que descobri ao analisá-los. Em primeiro lugar, eles nunca atribuem a outrem a culpa do seu sofrimento. Jamais culpam os demais nem lamentam a sorte, porque sabem perfeitamente que é inútil. O primeiro passo consiste em não reclamar da sorte nem responsabilizar os outros pelas nossas dificuldades pessoais.

Segundo, eles aceitam o que o destino lhes oferece. Não se queixam: "Ah, se isso não tivesse acontecido." Pelo contrário, aceitam todo e qualquer infortúnio que se interponha em seu caminho. Ao aceitá-lo, reconhecem-no como uma realidade e pensam no que fazer para sobrepujá-la. Têm coragem e determinação para aceitar o infortúnio como um fato da vida.

Em terceiro lugar, seja qual for a adversidade com que se deparem, sempre conseguem tirar alguma lição dela. Procuram saber que ensinamento a dificuldade está tentando lhes passar e não descansam enquanto não encontrarem a resposta. Cada lição aprendida é, sem exceção, um tesouro inestimável que fica muito tempo em seu coração.

Em quarto lugar, eles nunca se resignam a depender dos outros. Seja qual for a sua incapacidade, percorrem sozinhos o caminho que lhes foi reservado, com espírito livre e independente, sem descuidar do esforço em prol de si mesmos. Aceitam a sorte e o que o presente lhes reser-

— 28 —

va sem jamais se acomodar ao *status quo*. Tentam superar as adversidades valendo-se de suas próprias forças. Todas as pessoas extraordinárias vivem esse processo.

Quem chafurda na autocomiseração não conquista dignidade, e muitos sucumbem à tentação e se deixam afundar. Entretanto, tão logo a pessoa começa a solicitar a compaixão alheia já está se condenando a viver pedindo continuamente a piedade alheia. Talvez tudo estivesse indo bem, mas as circunstâncias mudaram repentinamente para pior, ou talvez você tenha sido vítima de uma súbita incapacidade física ou doença. Mas, no momento em que lhe ocorrer a idéia de depender da ajuda alheia, a sua alma já está derrotada. Aceite com bravura tudo quanto o destino lançar sobre você e tenha a determinação de superar o que quer que seja.

6. A determinação e a força de vontade abrem caminho

A determinação de superar tudo quanto o destino lançar no seu caminho não significa que você deva empreender algo gigantesco. Basta abrir um caminho novo, começando por aquilo que está à mão. Pergunte-se o que você tem condições de fazer e o que é possível realizar na situação atual. Se perceber que não tem condições de usar as faculdades que desenvolveu até então, verifique se não dispõe de nenhuma outra capacidade.

Quais eram as qualidades que os parentes, os amigos, os professores admiravam em você na sua juventude? Talvez haja uma aptidão escondida que você mesmo esqueceu que possui. É possível abrir um novo caminho do futuro por meio de uma capacidade ainda não plenamente desenvolvida.

Eu me lembro de um documentário, na televisão, sobre um homem sem braços que pintava com os pés. Prendia o pincel entre os artelhos, e fazia quadros dignos de um profissional. Eu fiquei muito impressionado. Ele conseguia fazer tudo com os pés, o que demonstra que, mesmo se perdermos as mãos, nós somos capazes de desenvolver os pés a ponto de substituí-las. Esse é um exemplo concreto de grande esforço.

Muita gente, se se visse privada do uso das mãos, não faria nenhum esforço para se ajudar e passaria o resto da vida dependendo totalmente dos outros. Mas o homem da televisão era diferente. Não queria depender de ninguém. Investiu naquilo que ainda lhe restava e, graças à sua determinação, achou um meio de seguir adiante. Ele gostava de pintar, viu que ainda tinha os pés e começou a praticar. Pode ser que não tenha tido muito sucesso no início, mas os resultados foram melhorando gradualmente, até que ele finalmente conseguisse produzir quadros.

Um homem sem braços pôde ser pintor — usando os dedos dos pés para segurar o pincel e para espremer os tubos de tinta — e produzir quadros com qualidade artística. Se isso foi possível, por certo as pessoas que não têm nenhuma incapacidade física podem fazer o que lhes vier à cabeça. Graças aos seus pais ou aos responsáveis pela sua criação, você provavelmente teve acesso à educação e, se for fisicamente saudável, nada o impede de fazer o que você decidir.

Atualmente, as instituições de ensino oferecem muitos cursos e uma grande variedade de qualificações e especializações que ajudam as pessoas a atingirem seus objetivos. Estas gostam de se justificar dizendo: "Eu não posso fazer nada nas atuais circunstâncias" ou "Eu não tenho nenhum talento", mas, se realmente quisessem conquistar alguma coisa, elas conseguiriam obter as qualificações necessárias e atingir seu objetivo. O único motivo pelo qual não conseguiram realizar alguma coisa foi por falta de empenho pessoal ou de força de vontade.

Surpreendentemente, o esforço e o processo pelo qual passam as pessoas com deficiência física para atingir suas metas são ainda mais admiráveis quando a gente leva em conta o muito que elas conseguem superar. Assim sendo, qual deve ser nossa postura ao saber que um deficiente conseguiu avançar a despeito das circunstâncias adversas? Você que tem tanto potencial e tanta energia deve trabalhar mais e dar amor a muito mais gente do que está dando no momento. Sem dúvida alguma, é possível. Quanto mais privilegiadas forem as suas condições, mais oportunidade você tem de estar a serviço dos outros. Nunca é demais enfatizar a importância de sempre ter isso em mente.

7. Usando a criatividade para ser vencedor

Eu, pessoalmente, sempre tive em mente que quanto mais privilegiadas fossem as minhas condições, maiores seriam as minhas oportunidades de ajudar os demais. No entanto, posto que pretenda trabalhar muito, às vezes sinto que existem limites físicos que me impedem de fazer mais.

Para superar tais restrições, eu posso aplicar o pensamento vencedor. Se as limitações físicas me impedem de fazer mais, preciso recorrer à sabedoria. É por isso que vivo tentando criar novas maneiras de fazer mais. Coisa que você também pode fazer. A criatividade ou, em outras palavras, o inventar e o descobrir, são elementos vitais do pensamento vencedor. É correto afirmar que o desenvolvimento da Ciência da Felicidade baseou-se em uma série de invenções e descobertas criativas. Sempre que nos aconteceu de topar com um obstáculo ou impasse, nós não seguimos adiante sem pensar. Pelo contrário, sempre pensamos muito antes de dar um passo.

O que significa estar sujeito às limitações físicas? À luz do pensamento vencedor, simplesmente quer dizer que a nossa esfera de atividades tem limites, por isso convém fazer uso da sabedoria. Por exemplo, ao enfrentar uma limitação no trabalho, verifique primeiramente se não há uma parcela qualquer desse trabalho que você não precise executar pessoalmente. Será que ninguém pode fazê-lo em seu lugar? É uma possibilidade. A outra consiste em preparar os demais para que executem determinadas tarefas por você. É comum delegar a outras pessoas parte de nossas obrigações, coisa que facilita o andamento em geral.

Era assim que trabalhava Konosuke Matsushita (1894–1989), o importante empresário japonês que fundou a Panasonic. Como não gozava de boa saúde, ele não podia se encarregar de tudo sozinho, não tinha outra alternativa senão confiar parte do trabalho a outros. Conseqüentemente, já no início da década de 1930, implementou pela primeira vez no mundo um sistema divisional, um sistema de gerenciamento autônomo. Este, que dividiu a empresa em diversas seções, sendo que cada setor tinha um gerente próprio, é hoje freqüentemente estudado na administração empresarial. E assim, delegando a responsabilidade de cada seção a um gerente, até mesmo os grandes conglomerados funcionam bem.

A empresa que opera com um sistema de gestão de cima para baixo, no qual tudo é decidido pela pessoa no alto da hierarquia, fica com todo o funcionamento limitado à capacidade dessa pessoa. Quando ela chegar ao limite de sua capacidade, a empresa já não poderá se expandir e seu desenvolvimento ficará paralisado. Mas, com esse sistema divisional, o chefe de cada seção atua como o presidente de uma pequena empresa, e a corporação se estrutura como um conglomerado de pequenas empresas. Este sistema permitiu a Matsushita obter resultados que ele não obteria sozinho.

Devido a suas limitações físicas, ele criou este sistema hoje adotado no mundo todo. Este é um ótimo exemplo de pensamento vencedor. Matsushita transformou em algo vantajoso a sua incapacidade de fazer tudo sozinho. Conseqüentemente, outros passaram a ter oportunidade de produzir mais, e assim ele criou uma eficiente força de trabalho. Se o diretor de uma grande empresa fizer tudo sozinho, os empregados não terão oportunidade de se desenvolver. Matsushita confiou totalmente em que seus funcionários estavam à altura das responsabilidades que ele lhes estava atribuindo e deixou cada qual fazer o seu trabalho. Levou em conta que todos têm aptidões e que, se ele lhes desse liberdade, as pessoas certamente criariam coisas maravilhosas. Isso resultou na geração de uma empresa enorme, com centenas de milhares de empregados.

O mesmo aconteceu quando Matsushita instituiu as filiais. Ao tomar a decisão de abrir uma filial a 480 quilômetros da matriz, ele sabia perfeitamente que não poderia gerenciá-la pessoalmente. Disse a um rapaz de vinte e poucos anos: "Sinto muito, eu não posso tomar o trem para ir ajudá-lo, você vai ter de se virar sem mim." E assim nomeou o diretor da nova filial.

Com base na experiência, Matsushita compreendeu que se confiasse nas pessoas e as deixasse agir por conta própria, elas se transformariam em trabalhadores eficientes. Eis um precedente que você pode acompanhar. Não deixe suas limitações pessoais restringirem o trabalho ou as atividades do conjunto. Isso que chamam de limitações não passa de falta de idéias. As pessoas não carecem de capacidade de trabalho, o que lhes falta é engenho e criatividade.

Vale a pena refletir sobre isso. Pode ser que atualmente você esteja em ótima forma, mas não será sempre assim. Quando as coisas começam a não correr bem, em vez de continuar fazendo tudo do mesmo jeito, é preciso parar e averiguar se não há outros modos de lidar com a situação. Mesmo porque, quando se amplia o campo de atuação, não é possível fazer tudo sozinho, é preciso pedir o auxílio dos outros.

8. Transcendendo a limitação individual

Uma boa idéia só floresce se a gente tiver com quem trabalhar. Suponha que a sua ocupação seja vender peixe na rua com um caminhão. Se você estiver satisfeito fazendo apenas isso, é provável que passe o resto da vida vendendo peixe na rua.

Mas, se analisar bem o negócio, talvez perceba que há como fazer com que mais gente venha comprar o seu produto. Pode se dar conta de que, indo a um determinado conjunto residencial por volta das quatro ou cinco horas da tarde, ganhará um número considerável de fregueses. Em comparação com a venda em outras regiões da cidade, nessa única hora você chega a ganhar cinco vezes mais. Tendo constatado o potencial de vendas naquele bairro em determinado horário, é natural que decida ir para lá diariamente.

Então você pode indagar se não há outros períodos do dia em que a demanda seja alta e acabe descobrindo que muita gente volta para casa sem ter feito compras. Uma vez descoberta essa demanda em potencial, pode ser que você comece a procurar um lugar adequado para abrir uma loja, onde, por exemplo, as pessoas possam comprar peixe à noite. Assim é possível vender muito mais do que quando você ficava simplesmente rodando a esmo, esperando que aparecessem fregueses.

Passado algum tempo, você estará em condições de empregar um ajudante. Duas pessoas conseguem vender mais na mesma quantidade de tempo. Numa área residencial em que é grande o afluxo de clientes, sozinho você não daria conta do recado. Teria de servir os fregueses, fazer as contas, cobrar e dar o troco. Se tiverem de esperar muito, eles deixarão de comprar no seu estabelecimento e procurarão outra peixaria ou um supermercado. Mas, se tiver um ajudante, você pode se concentrar exclusivamente no atendimento dos clientes enquanto ele se ocupa do dinheiro. Dividindo o trabalho, você mais do que duplicará a sua eficiência.

À medida que as vendas aumentarem, você pode empregar mais gente ainda. E se até agora tinha apenas um caminhão, talvez resolva comprar o segundo e o terceiro. Com o passar do tempo, pode aumentar o número de funcionários em cada caminhão e expandir o negócio até ter, quem sabe, cinco caminhões trabalhando para você.

Quando trabalhava sozinho, só podia comprar uma pequena quantidade de peixes no mercado central. Mas conforme o negócio vai crescendo, as compras passam a ser de grande porte, e talvez você consiga peixes de melhor qualidade a preços mais baixos. Trabalhando sozinho, comprava vinte ou trinta cavalas por dia, mas com a expansão do negócio, passa a comprar cem, duzentas ou até mesmo quinhentas, coisa que lhe dá condições de negociar com o fornecedor, forçando os preços para baixo. E conseguindo mercadoria mais barata, você pode vender a preços baixos, agradando os fregueses.

À medida que se expande, a empresa contrata mais empregados, aperfeiçoa os serviços que presta e satisfaz cada vez mais clientes. Quanto maior ela for, mais baixo é o preço e melhor é a qualidade dos seus produtos. Assim, todos ficam satisfeitos. Inicia-se um ciclo positivo que faz com que as coisas só melhorem. As firmas que começaram do nada e cresceram rapidamente num período de vinte ou trinta anos, ou que começaram com dois empregados e agora contam com milhares, são exemplos comuns de negócios que se beneficiaram com um ciclo positivo.

Tudo isso se resume em saber detectar as potencialidades ou não. As pessoas incapazes de imaginar várias possibilidades passarão trinta ou quarenta anos vendendo peixe sozinhas. As que se derem ao trabalho de pensar onde e quando abrir uma loja, no que fazer para agradar os fregueses, em como atendê-los melhor, vão se desenvolver e serão beneficiadas por um ciclo positivo. Tudo correrá bem para essas empresas.

É por isso que, num mesmo ramo de negócios, certas empresas vão bem e outras não. Há sempre um lugar onde os caminhos se bifurcam, e o desfecho depende de você divisar uma oportunidade e criar um método engenhoso. De 80% a 90% daqueles que não logram desenvolver as vendas restringem suas atividades comerciais devido às suas próprias limitações. Há negócios que pertencem à mesma família há gerações, e algumas destas só estão interessadas em conservar o *status quo*. Enquanto essa atitude perdurar, o negócio não crescerá.

A maioria dos estabelecimentos comerciais como as cafeterias, os bares e as lanchonetes geralmente vendem produtos mais ou menos da mesma qualidade. Contudo, enquanto alguns deles se desenvolvem até formarem cadeias de âmbito nacional, outros permanecem como pequenos estabelecimentos locais. Há motivos bem determinados para tais diferenças. A verdade é que as lojas que se expandem são aquelas em que se utilizou o pensamento criativo para realizar o que está além da capacidade de uma só pessoa.

9. Dois segredos para ter sucesso

O que eu quis dizer na seção anterior é: "Talvez, neste momento, você esteja sentindo que não pode progredir na vida, mas será que o motivo não é simplesmente o fato de estar lutando sozinho? O que as pessoas podem fazer sozinhas é limitado, de modo que, se quiser ser realmente bem-sucedido neste mundo, você precisa ter alguém ao seu lado, uma pessoa que o apóie e ajude." Precisa ter o maior número possível de pessoas dispostas a auxiliá-lo. Essencialmente, há dois segredos para conseguir isso.

1) Descubra uma demanda

O primeiro segredo é estar sempre atento ao que as pessoas querem. Você precisa estar sempre com a antena sintonizada na necessidade das pessoas. O negócio começa quando há demanda. As empresas que crescem rapidamente sempre começam com alguém que sente uma demanda e trata de satisfazê-la.

Onde há demanda, sempre há trabalho a fazer. Se você trabalha muito, mas tem dificuldade para obter lucro, provavelmente não há demanda para o seu produto. Por exemplo, se você for dono de uma escola, mas os alunos são poucos e está ficando cada vez mais difícil equilibrar o orçamento, tudo indica que a demanda é pequena e você não está oferecendo o que as pessoas desejam. O mesmo se aplica aos outros ramos. Não havendo lucro, o provável é que o produto oferecido não corresponda à demanda local.

O *imagawa-yaki* é um pequeno bolo japonês tradicionalmente recheado com uma pasta de feijão doce; recentemente, uma confeitaria resolveu lançar novos tipos com cobertura de chocolate e recheio de muitos outros sabores. O resultado é que o negócio vai indo de vento em popa e está rendendo um lucro considerável. Na forma original, esse bolo tradicional de feijão doce atraía somente os mais idosos e as crianças pequenas, mas, quando o proprietário começou a fazer bolos com recheio de creme e de chocolate, pessoas de outras faixas etárias também passaram a consumi-los. A confeitaria está indo tão bem simplesmente porque passou a atender a necessidade de um número maior de pessoas.

Esse exemplo ilustra o fato de que, havendo demanda de certo produto, há trabalho a ser feito. Isso vale tanto para quem atua sozinho, numa empresa ou em casa. Mesmo em casa, você pode tentar descobrir as necessidades da sua família. Se houver demanda, sempre haverá algo proveitoso a ser feito. É a isso que você deve estar sempre atento.

2) Pense em mais desenvolvimento

A seguir, é preciso avaliar se essa demanda serve de trampolim para mais progresso. Nunca deixe de criar meios de continuar desenvolvendo o seu negócio. Você vai se surpreender ao descobrir que sempre existem muitas possibilidades.

Voltando ao exemplo da confeitaria que inventou os bolos recheados de creme e de chocolate, depois do sucesso inicial, não se criou mais nada. Os proprietários ficaram satisfeitos com o sucesso e pararam de pensar em novos produtos, e o resultado foi a limitação do crescimento possível. Eles ficaram presos nos limites do sucesso anterior e não procuraram outro potencial de negócio. Como já tinham sido bem-sucedidos, deviam fazer disso um trampolim para obter mais sucesso ainda. Sempre é possível avançar para um novo estágio.

10. A saúde financeira ajuda a superar as dificuldades

Embora muita gente pense que a origem da maioria dos seus problemas seja psicológica, surpreendentemente 70% ou 80% deles seriam resolvidos se a pessoa tivesse estabilidade financeira. Garanto que, se você passasse a ganhar dez vezes mais do que ganha hoje, 80% dos seus problemas desapareceriam. Você se surpreenderia se soubesse o quanto isso é verdadeiro.

Suponha que os membros de uma família se queixem constantemente de cansaço. Se perguntarmos o porquê disso, a resposta é muito simples. Por exemplo, o longo trajeto que eles percorrem diariamente. Como não têm muito dinheiro, compraram uma casa na periferia e, conseqüentemente, são praticamente obrigados a viajar todos os dias. Não admira que vivam cansados. Se a família tivesse algum dinheiro extra, seria possível sugerir inúmeras soluções. Eles poderiam comprar um carro ou pagar alguém que os transportasse. Esse tipo de problema só pode ser solucionado com dinheiro. Mas, devido à carência financeira, a única coisa que eles podem fazer é reclamar.

Outro exemplo: a situação pode ficar difícil se uma criança ou um de seus pais adoecer, mas isso também pode ser facilmente solucionado contratando uma pessoa para ajudar. Uma preocupação comum a muitos pais é o fraco aproveitamento escolar dos filhos, mas, em alguns casos, o problema reside unicamente no fato de as crianças não estarem recebendo uma boa educação. Se esses pais tivessem dinheiro, poderiam matriculá-las em colégios melhores, mas como isso não é possível, o mais provável é que elas nunca tenham a chance de realizar o seu potencial acadêmico. Se eles tivessem mais dinheiro, seus filhos freqüentariam bons colégios.

Vê-se, pois, que a causa da maioria dos problemas domésticos é de origem financeira; coisa particularmente verdadeira nos últimos anos. Assim, em vez de simplesmente se preocupar, você precisa fazer um esforço para encontrar alternativas e soluções para a sua situação. Se a sua carreira estiver estagnada e a expectativa de aumento salarial for quase remota, trate de aprender a se conformar com o que tem, ou tente encontrar um meio de melhorar a situação.

Suponhamos que você seja casado, e os dois salários dificilmente terão aumento; talvez fosse o caso de procurar um meio de obter uma renda extra. É possível que um dos dois tenha um talento oculto que pode melhorar a situação. Há quem escreve livros nas horas vagas e depois se surpreende ao descobrir que eles não só são vendáveis como rendem muito dinheiro. Outros descobrem um talento que nem suspeitavam ter ou que desenvolvem habilidades e, de súbito, constatam que isso lhes rendeu um ótimo reforço de caixa. É impressionante como a força de vontade traz prosperidade.

É sempre muito importante averiguar se não há um meio de abrir um novo caminho. Tente não encarar as suas dificuldades presentes como se fossem insuperáveis; pelo contrário, esteja sempre atento às oportunidades que surgem ou a métodos engenhosos de superação das dificuldades. Você não pode se deixar levar pela maré da adversidade nem simplesmente ficar reclamando da situação. Procure aceitar a adversidade e faça dela um apoio para encontrar meios de seguir adiante e progredir mais.

11. Descobrindo o seu eu vencedor

Acaso você está restringindo a sua capacidade? Está se deixando governar pelo passado? Está preso a idéias fixas ou suposições acerca de si mesmo? Se for o caso, infelizmente você vai acabar passando a vida inteira à mercê dessas idéias fixas.

Aqueles que impõem limites a si mesmos nunca serão mais do que imaginam que são. É importante acreditar sempre que temos potencial de ser melhores do que somos. Como eu venho dizendo em todas as oportunidades, a força de vontade é muito poderosa. "Você é aquilo que pensa" é uma verdade eterna, por isso convém fazer uso constante do poder da força de vontade.

Eu gostaria de comentar uma faceta particular da força de vontade. Tenho falado de estabilidade financeira e dito que, ao se deparar com um problema proveniente da falta de dinheiro, você deve se esforçar para superá-lo. No entanto, outro problema que parece afetar muita gente é o complexo de inferioridade ligado ao preparo educacional ou nível de instrução.

Talvez isso o esteja incomodando agora. O fato de você não ter tido oportunidade de freqüentar uma escola ou universidade particular não lhe sai da cabeça; é possível que você tenha passado a vida inteira à sombra disso. Há quem continue se ressentindo disso vinte ou trinta anos depois. Mas, se você ainda sente complexo de inferioridade duas ou três décadas depois, nada mais natural do que os outros considerarem insatisfatória a sua formação educacional, já que você mesmo a encara assim.

No mundo, há muita gente bem-sucedida que mal completou o ensino fundamental. E eu tenho certeza de que essas pessoas não ficam repetindo a si mesmas: "Como eu não terminei o colegial, não tenho instrução suficiente, por isso vou continuar fazendo trabalhos subalternos." Em uma grande multinacional japonesa, um homem que não cursou o colegial não só foi nomeado vice-presidente como assumiu a responsabilidade por toda a parte financeira da empresa. Lutou muito para conquistar essa posição apesar da falta de instrução formal, o que indica que ele deve ter se esforçado duas ou três vezes mais do que os outros.

Também não falta quem tenha complexo de inferioridade por não ter concluído o curso universitário. Hoje em dia, é muito comum as pessoas desenvolverem um complexo de inferioridade devido à falta de capacidade intelectual. Mas, se algo que aconteceu anos atrás é a única desculpa para o seu fracasso atual, você não pode se queixar de ter sido tratado injustamente. O que importa é o que você conseguiu fazer e realizou desde então.

A maioria das pessoas passa uma média de quatro anos na universidade e, por mais que se esforce, a quantidade de matéria que pode aprender em tão pouco tempo é limitada. Mesmo que lhe pareça difícil, se você estudar dez anos, por certo conseguirá dominar o que os outros aprenderam em quatro. Se não conseguir assimilar tudo em dez anos, com certeza conseguirá em vinte. Seja qual for a dificuldade, se você se esforçar durante vinte anos, é claro que dominará qualquer matéria.

Portanto, o que importa é como você tem vivido desde que deixou os bancos escolares e se tem obtido resultados capazes de imbuí-lo de confiança. Na maior parte dos casos, as pessoas tendem a usar a falta de instrução como desculpa. Todavia, eu tenho de salientar que a fraqueza não está na educação inadequada, e sim no fato de seu pensamento continuar preso ao passado.

Se você está realmente angustiado e sente que a sua formação foi inadequada, é muito importante fazer um esforço para compensá-la e fixar um prazo para isso. Na maioria dos casos, se gastar três vezes mais tempo que os outros, você há de conseguir atingir o seu objetivo. Se alguém consegue realizar seja lá o que for em dois ou três anos, nada impede que você o consiga em dez. A única coisa que o impede disso é a falta de esforço e de convicção.

Todo mundo tem algum tipo de complexo de inferioridade. Se você viver a vida consumido por suas deficiências, é inevitável que os outros o vejam como uma pessoa às voltas com algum tipo de complexo de inferioridade. Só à custa de muito esforço para superar esse sentimento de inferioridade é que você finalmente se livrará dele. Espero que não use esse tipo de sentimento como desculpa.

As pessoas com pouca instrução formal têm uma característica em comum: a dificuldade de generalizar e de compreender um quadro geral. Talvez você queira saber o porquê disso. O motivo é o fato de, ao sair da escola, elas terem se dedicado a um trabalho especializado ou terem vivenciado um único ramo profissional. Em geral, só pensavam em coisas relacionadas com essa especialidade. Como não tiveram oportunidade de receber uma educação básica mais geral, elas têm dificuldade de ver as coisas a partir de uma perspectiva mais ampla. Assim como os galhos da árvore não podem crescer se não estiverem ligados ao tronco, essas pessoas também não conseguem ter uma visão mais geral porque não receberam uma educação básica. Essa é sua deficiência.

Se você acha que a sua fraqueza está na inteligência, antes de mais nada não se queixe por ter capacidade limitada. Esforce-se para aprender, para ver as coisas numa perspectiva mais ampla e para entender um número maior de tópicos. Quando tiver feito isso, você perceberá que já não tem por que sofrer com esse complexo de inferioridade.

Na Ciência da Felicidade, nós temos ocasião de aprender a Verdade nos Seminários de Nível, que consistem em três diferentes níveis de testes, sendo que o resultado desses testes nem sempre refletem a bagagem acadêmica da pessoa. Não falta quem tenha passado anos na escola, mas, com o tempo, acabou perdendo a capacidade de discernimento. Por outro lado, há muita gente que a princípio não parece muito inteligente, mas depois se mostra bastante perspicaz. Essas pessoas não têm consciência do muito que mudaram nos dez ou vinte anos transcorridos desde que se formaram. Mas os resultados que as pessoas produzem revelam como elas se exercitaram intelectualmente depois que saíram da escola.

Eu desejo sinceramente que você não esteja se limitando, e acredito com firmeza que a gente se torna aquilo que pensa que é. Assimile isso à sua experiência cotidiana e manifeste os seus pensamentos fazendo o esforço necessário. Progrida com regularidade, dando um passo de cada vez, como se estivesse subindo os degraus de uma escada. Agindo assim continuamente, garanto que um caminho se abrirá a sua frente, e você descobrirá um eu que é sempre vencedor e invencível.

Segunda parte

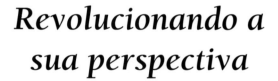

Revolucionando a sua perspectiva

2. Revolucionando a sua perspectiva

1. A importância de criar idéias novas

Neste capítulo, eu quero falar da importância do modo de pensar. É bem possível que você já tenha lido livros de outras religiões e reparado que a maioria delas tende a se concentrar no dualismo bem e mal — o bom coração e o coração mau, os bons e os maus pensamentos, as ações boas e as más etc. Todas as religiões têm em comum essa propensão para o dualismo e, ao falar nos seres humanos, separam-nos em bons e maus, afirmando que, após a morte, o nosso destino há de ser o céu ou o inferno.

As pessoas, sobretudo as interessadas nas questões espirituais, percebem rapidamente a diferença entre o bem e o mal, coisa que também as leva a pensar em termos dualistas e, conseqüentemente, a tender a classificar tudo de preto ou de branco. Não falta quem não se sinta seguro enquanto não tiver classificado de bom ou mau tudo quanto há à sua volta, inclusive as pessoas e as situações. Lamentavelmente, quem vê o mundo com esses olhos corre o risco de rejeitar coisas que encerram um grande potencial. O que vem a ser uma grande perda.

Imagine, a título de exemplo, que seres extraterrestres aterrissem suas naves espaciais num país qualquer da Terra, em plena estação chuvosa. Talvez, ao desembarcar, eles pensem: "Ora essa, nós viajamos tanto para acabar num planeta onde não acontece outra coisa senão chover!" E, insatisfeitos, não pensam duas vezes para ir embora. Não se dão ao trabalho de investigar as possibilidades, de descobrir o que a Terra tem, potencialmente, a oferecer, ou o que eles poderiam fazer com ela.

Entretanto, mesmo na estação das águas, há dias bonitos e ensolarados. A questão é se os extraterrestres sabem disso. Se topassem com um dia radiante de verão, eles concluiriam que o planeta não era tão ruim assim e até poderia ser um lugar gostoso de morar. Mas se desembarcarem num dia de chuva intensa e concluírem, precipitadamente, que o planeta nada tem de hospitaleiro, todas as possíveis oportunidades se encerram por aí.

E, presos a idéias preconcebidas, os nossos *ETs* se recusarão a avaliar as potencialidades do planeta, tornarão a embarcar nas espaçonaves e partirão em busca de um lugar mais propício. O que implicará mais esforço. Se passassem pelo menos um mês na Terra, eles veriam o fim da estação das chuvas. Mas, como são incapazes de esperar tanto tempo, terão de seguir viagem pelo espaço durante muitos e muitos anos. Esse tipo de atitude não redunda senão em preocupações absolutamente desnecessárias.

Eu tomei os extraterrestres como exemplo, mas tenho certeza de que você faz exatamente a mesma coisa. Dentre os casados, por exemplo, quem nunca pensou que talvez fosse mais feliz se tivesse desposado outra pessoa? Responda francamente. Eu imagino que pelo menos 50% dos casados dizem: "Ah, se eu tivesse escolhido outra esposa" ou "Ah, se o meu marido fosse outro". E, embora eu tenha dito 50%, não é difícil que essa cifra chegue a 80 ou 90% dos casais.

Eles sabem muito bem que não devem pensar desse modo, mas alguma coisa lhes dá a sensação de que talvez, se tivessem escolhido outro parceiro ou se soubessem no que é que estavam se metendo, talvez agora a vida fosse totalmente diferente. É possível que passem décadas remoendo o assunto, mas isso não resolve. Embora sem perceber, essa gente está se comportando exatamente como os extraterrestres que chegaram à Terra em plena estação das águas.

Numa situação dessas, o importante é mudar de perspectiva; em outras palavras, trata-se de adotar um novo modo de pensar. Pergunte sempre se não há outra maneira de encarar a situação. Outra coisa importante é você se dispor a fazer um esforço de imaginação e procurar um meio de melhorar a situação. É importante praticar isso.

2. Encontrando uma terceira alternativa

A idéia de "revolucionar a perspectiva" pode parecer difícil, mas, no fundo, não significa senão encontrar um modo diferente de fazer as coisas. E pode ser aplicado a todos os setores da vida.

Vejamos como. Nos últimos anos, eu tenho tido de ministrar cada vez mais palestras para grandes platéias. À parte isso, escrevo livros. Geralmente, os autores se ressentem disso, de serem arrancados a toda hora do refúgio onde trabalham. Isso ocorre pelo simples fato de eles não terem tempo para dedicar à escrita. Por isso precisam se refugiar nas montanhas ou simplesmente sumir, sem o que não podem se concentrar no trabalho. Só conseguem escrever se estiverem apartados das outras obrigações sociais.

Evidentemente, isso vale não só para mim como para todo mundo. Eu me vi diante do seguinte dilema: dar palestras ou sentar-me para escrever. Mas havia uma maneira diferente de encarar a situação, a qual consistia em perguntar a mim mesmo se essas duas atividades eram mesmo inconciliáveis ou se, na verdade, até podiam ser compatíveis entre si. Foi então que eu percebi que era perfeitamente possível atuar nas duas frentes.

Você vai entender como isso foi possível assim que eu contar que costumo compilar uma série de palestras e depois publicá-las em livro. Este que você está lendo, *Pensamento Vencedor*, baseia-se numa série de palestras ministradas por mim. Eu dou uma palestra, no mínimo, de duas em duas ou de três em três semanas, cada uma delas com duração de aproximadamente uma hora e vinte minutos. Posteriormente, tais palestras podem ser transcritas em livro. Com essa técnica, eu produzo meus livros sem ter de me isolar num quarto ou onde quer que seja para escrever. Essa foi a maneira que encontrei para resolver o dilema.

Talvez você se pergunte se, neste caso, os outros autores não poderiam recorrer à mesma estratégia. Não. Ocorre que a linguagem escrita é completamente diferente da falada, de modo que não basta simplesmente transcrever o que foi dito. Os escritores gostam de desenvolver um estilo pessoal, por isso são muito criteriosos na escolha dos adjetivos, das conjunções, na maneira de concatenar as frases. E, à medida que estão preocupados com essas coisas, não conseguem passar para o papel o que foi dito, de modo que não compilam palestras para produzir um livro.

Entretanto, há um modo de fazer com que a coisa flua bem: basta caprichar o máximo possível na linguagem oral e, assim, compensar a falta de estilo. Em primeiro lugar, um livro não precisa absolutamente ter um estilo literário perfeito, basta que ofereça algum ensinamento aos leitores. Se o conteúdo for transmitido de modo que o leitor o compreenda, já é suficiente. Com a prática, é possível se produzir um bom livro mediante essa estratégia, e o único motivo que leva as pessoas a pensarem o contrário é a preocupação excessiva com o estilo literário. Abrindo-se mão dele, nada impede que discursos proferidos oralmente venham a compor um livro.

Evidentemente, isso também exige algum talento. Por exemplo, se um capítulo do livro se basear em uma determinada palestra, é preciso que o assunto desta seja

— 55 —

extenso o suficiente para que eu faça uma exposição de uma hora e meia. Vejamos como é possível. Eu tenho o hábito de sublinhar em vermelho uma ou duas linhas de cada página dos livros que leio, coisa que, com a prática, facilita a memorização das passagens selecionadas. Mesmo que posteriormente eu não recorde a totalidade do texto, a essência do livro fica registrada em minha mente. É assim que trabalha a minha memória.

Graças a esse hábito, eu também consigo sublinhar mentalmente trechos das minhas palestras. Com isto, quero dizer que sei que partes das minhas palestras as pessoas hão de querer sublinhar com lápis vermelho quando elas estiverem transcritas em forma de livro. Se em cada página houver duas linhas dignas de nota, a leitura desse livro será muito proveitosa. É muito simples, havendo em cada página duas linhas que mereçam ser lembradas, os leitores não terão a sensação de perda de tempo. Esse é um talento que a gente desenvolve com a prática.

Foi assim que eu revolucionei a perspectiva da minha própria carreira. E mesmo que você não se encontre na mesma situação que eu e não conte com as mesmas oportunidades, esta filosofia também pode se aplicar à sua vida. Quando consulta o seu coração, você se sente diante de dois impulsos contraditórios?

Suponhamos que haja duas opções, A e B. Ao decidir por A, você tem de abrir mão da B. Se escolher B, a opção A fica descartada. Todo mundo vive esse tipo de dilema, que causa muita ansiedade. Por exemplo, digamos que você queira participar de um seminário na Ciência da Felicidade, mas se o fizer, deixará o seu parceiro meio chateado, porque ele ficará sozinho em casa, e isso pode acabar gerando desarmonia no lar. Se decidir não ir, o relacionamento com o seu parceiro preservará a harmonia, mas você ficará frustrado porque queria muito participar. São inúmeras as situações desse tipo; neste caso, em especial, você pode, simplesmente, optar por levar o seu parceiro ao seminário ou encontrar outra maneira de resolver o dilema.

Quando a gente está sofrendo por causa de dois desejos ou necessidades opostas, o importante é não se deixar levar pela situação a ponto de ter de escolher entre uma coisa e outra. Diga para si mesmo que tem de haver um meio de harmonizar os contraditórios, ou então encontre uma terceira alternativa que solucione o problema. Se você não deixar de procurar novos meios de superar as dificuldades, um caminho certamente se abrirá à sua frente.

Quanto maior a prática, mais opções novas surgem para nos livrar do dilema. Esse tipo de exercício mental é importante e faz aumentar extraordinariamente as chances de surgimento de boas idéias. A gente vai adquirindo certo talento com a prática.

Uma vez habilitado, frente a qualquer problema que se colocar à sua frente, a sua reação será: "Bom, o problema consiste nisto e nisto. Há duas possibilidades antagônicas, mas se eu fizer isto e aquilo, a coisa acaba dando certo. E se não der certo, eu volto a pensar no assunto." Assim, é possível encontrar uma solução em questão de segundos, e os problemas deixam de existir; o que fica é a expectativa das possíveis soluções. Se a primeira saída não resolver, vá atrás da segunda, da terceira. Tendo essa estratégia em mãos, não sobra absolutamente nada com que se preocupar.

Fazendo esse exercício mental, em pouco tempo você estará encarando os problemas, simplesmente, como uma questão de escolha entre o bom e o mau desfecho; perceberá que todo problema que se apresentar, tanto no meio em que vivemos quanto em termos de relacionamento com os que nos rodeiam, pode ser resolvido com a descoberta de uma abordagem diferente. É uma experiência muito interessante.

3. Pensando de outro modo a fim de criar positividade

Já que estamos tratando de exercícios mentais, eu gostaria de falar na eficiência profissional. Embora se esforce muito, é possível que às vezes você tenha a sensação de que nunca vai conseguir dar conta de todo o seu trabalho. Em sua maioria, os que se sentem assim tornaram-se simplesmente escravos da rotina, e sua eficiência no trabalho tende a ser muito baixa.

Essa gente não consegue relaxar e desfrutar a vida, não se permite nem mesmo uns dias de descanso no verão. Em alguns lugares do mundo, isso afeta muita gente. Sei que muitos precisam trabalhar até nas férias, pensam que se tirarem um único dia de folga, estão obrigando os outros a fazerem o seu trabalho, o que não é justo. Ora, não surpreende que os que pensam desse modo nunca se permitam tirar férias. Até incentivam os outros a descansarem, mas se sentem incapazes de fazer o mesmo. É uma idéia que vai se deteriorando pouco a pouco em suas mentes até assumir a forma de autopunição. Essas pessoas acabam inclusive se oferecendo para fazer o trabalho alheio e então sofrem; conseqüentemente tornam-se menos eficientes no trabalho.

Pense no que aconteceria na seguinte situação: imagine que você esteja prestes a tirar uns dias de folga. Mesmo que haja empresas em que o máximo que se ousa pleitear é um fim de semana prolongado, e mais que isso redundaria numa séria controvérsia, admitamos que você tenha resolvido tirar uma semana para descansar. Neste caso, a primeira coisa que há de lhe passar pela cabeça será: o trabalho diário vai se acumular em sua mesa, o que dificultará não só a vida dos seus colegas como a dos clientes.

O segundo aspecto que você levará em conta será: o que os outros vão pensar de mim? É provável que este seja o principal motivo pelo qual muita gente nem cogita tirar uns dias de folga. Ninguém quer ser tachado de preguiçoso ou passar por alguém que só pensa em si mesmo. Uma vez mais, você imaginará que os outros vão reclamar secretamente porque, além de fazer o próprio trabalho, terão de assumir as suas obrigações, de maneira que o melhor mesmo é optar por não tirar os dias de descanso. Eu imagino que é este o principal motivo que impede algumas pessoas de se reservarem uns dias de descanso. A maior parte delas acaba se contentando com uma viagem de fim de semana.

Mas existe um modo diferente de pensar a questão. Caso você esteja vivendo esse dilema, indague se não há um meio de tirar folga, coisa que por certo lhe fará bem, sem sobrecarregar os colegas. É possível que acabe descobrindo que isso é perfeitamente possível. Por exemplo, digamos que você pretenda tirar férias em agosto, então, programe-se para fazer tudo que for preciso antes disso. Havendo esforço, há possibilidade. Vá trabalhando até perceber que já fez tudo que precisava. Empenhe-se até poder dizer: "Trabalho? Eu não tenho mais nada que fazer. Estou livre até o fim do ano."

Para chegar a tanto, é preciso trabalhar com extrema eficiência durante um mês. Mesmo tendo se programado para antecipar todo o trabalho até agosto, tente esvaziar sua escrivaninha antes disso. Com esforço, é possível. Ainda que faça todo o trabalho antecipadamente, não é impossível que, terminadas as férias, você venha a ser criticado pelos colegas invejosos, por isso é bom antecipar também o trabalho de setembro. O que implica não ter nada acumulado pela frente.

Feito isso, nós percebemos que era um engano pensar que estávamos sobrecarregados de trabalho pelos próximos meses. A verdade é que, inconscientemente, temíamos ficar sem ter o que fazer, de modo que achávamos bom deixar alguma coisa para depois. Há sempre o medo de não termos com o que nos ocupar diariamente, de modo que vamos calibrando e postergando as tarefas. Mas, havendo empenho, é possível concluir o trabalho antecipadamente.

Alguns ficam com a consciência pesada quando tiram férias, mas esse sentimento de culpa pode ser usado como incentivo para trabalhar ainda mais. Se você teme que, na volta, os colegas o condenem ao ostracismo, trate de se esforçar mais. Não só terminará o trabalho antes do fim do ano como continuará com a escrivaninha vazia até março. Uma vez realizado tudo isso, já não há por que recear o que os outros possam dizer. Assim, dependendo da sua atitude, o que você considerava um obstáculo pode ser usado como um trampolim para projetá-lo a coisas maiores.

Outro problema com as férias está em sentir que a sua ausência vai dificultar a vida dos colegas, mas é possível transformar essa situação numa oportunidade de avaliar exatamente no que consiste o trabalho que faz. É provável que você geralmente consiga dar conta do trabalho à sua própria maneira, sem que os outros se envolvam muito, mas, se for se ausentar, vai ter de dar aos outros uma idéia clara do que você faz. Se outra pessoa ficar encarregada de atender os seus telefonemas ou de fazer o seu trabalho, ela tem de saber proceder como se fosse você.

Para tanto, convém redigir um manual explicando tudo de modo claro e sucinto. Disponha-se a dizer: "Por favor, resolva tal situação de tal maneira", de modo que, com um relancear de olhos, qualquer um que o esteja substituindo saiba o que fazer. Portanto, antes de sair de férias, faça uma lista dizendo: "No momento, nós temos tais e tais problemas que precisam ser resolvidos desta maneira. Se fulano telefonar, faça o favor de dizer o seguinte." Estando todos os problemas encaminhados, o que o impede de tirar férias?

Mas, se você não se preocupar com nada disso e simplesmente sair de férias sem deixar nada preparado, dizendo aos colegas: "Amanhã eu entro em férias! Até a volta!", a única coisa que pode esperar deles é que fiquem mesmo muito zangados. Dificilmente seus colegas poderão ser acusados de má vontade se receberem um telefonema de um dos seus clientes pedindo informações sobre algo que eles desconheçam. As pessoas perderão a confiança em você, e a culpa será toda sua.

Vê-se, pois, que uma coisa aparentemente nociva ao trabalho ou inconciliável com a sua posição pode, na verdade, servir de estímulo para o aperfeiçoamento da sua eficiência ou mesmo para elevar o padrão do trabalho. Seja qual for o seu ramo de atividade, isso sempre se aplica. Pode ser que quem trabalha o dia todo em uma loja, atendendo clientes um após outro, se considere uma pessoa ocupadíssima e até se queixe do excesso de trabalho. Mas, pensando bem, veremos que os períodos de trabalho verdadeiramente pesado são cíclicos. Você pode achar que passa doze horas por dia correndo de um lado para o outro, mas se observar bem, verá que sempre tem períodos sem muito o que fazer. Tendo percebido isso, é preciso recorrer à astúcia e fazer bom uso desses intervalos de calmaria.

Por exemplo, é provável que os que trabalham em uma lanchonete ou restaurante estejam convencidos de que passam o dia inteiro assoberbados, muito embora, na verdade, isso ocorra no período entre a hora do almoço e as duas da tarde e, depois, por volta das cinco horas. Entre esses períodos mais intensos há uma calmaria. Se esses funcionários racionalizarem a carga de trabalho, é possível que lhes seja possível reservar uma ou duas horas de descanso durante a tarde. Diante de tal sugestão, não há dúvida de que eles reagirão dizendo que passam a tarde toda ocupados em preparar o jantar. Mas talvez possam fazer esses preparativos de manhã. Uma vez mais, eles alegarão que, no período da manhã, estão ocupados com os preparativos do almoço, mas o fato é que a maioria deles não parou para pensar no assunto. Simplesmente aceitaram que aquele é o único modo de fazer a coisa, mas, se estivessem dispostos a trabalhar mais num período, teriam tempo livre no outro.

Não faltam exemplos do gênero, e eu queria que você pensasse em meios capazes de ajudá-lo a superar as situações difíceis. E, assim, que fosse se livrando das preocupações, uma a uma.

4. Usando o fracasso como trampolim

No curso da vida, sempre há momentos em que é preciso decidir se convém seguir adiante ou retornar, virar à direita ou à esquerda. Em tais ocasiões, aqueles que só sabem reagir no padrão sim-não se sentem à mercê de um turbilhão de desespero que geralmente resulta em desânimo. Em vez de limitar a decisão a uma simples escolha entre sim e não, eu lhe peço que procure uma terceira opção. Isso é de suma importância, e será marcante a diferença entre a vida de quem é capaz de pensar assim e de quem não é.

É difícil falar da média de sucesso na vida, mas eu garanto que quem sempre procura uma terceira opção tem no mínimo 30% de chances. Aqueles que vencem entre 30 e 40% das vezes, ou seja, os que mais perdem dos que ganham, terão um acréscimo de 30 ou 40% de sucesso se adotarem esta maneira de pensar.

Ainda que o resultado final não seja o esperado, o exercício de reflexão efetuado durante o processo os deixará em melhores condições para a próxima etapa. Você pode ser derrotado nessa ocasião e dizer a si mesmo: "Embora eu tenha me esforçado para encontrar uma maneira de revolucionar a minha perspectiva, as coisas não funcionaram como eu esperava." Todavia, o esforço empregado no levantamento de todas as alternativas possíveis nunca é totalmente em vão; se daqui a um, dois ou mesmo cinco anos surgir outro problema, você terá condições de encontrar alternativas de solução. O benefício desse esforço é que, uma vez aclarado o pensamento, as idéias resultantes desse esforço serão úteis nas vezes seguintes.

Visto por outro ângulo, "revolucionar a perspectiva" significa pensar de tal maneira que todas as situações lhe sejam favoráveis, até mesmo os fracassos. É uma atitude em que, independentemente do que acontecer, tudo pode ser transformado em oportunidade de avançar mais um passo. Quando ocorrer um fracasso, pense em como fazer dele uma alavanca que o ajude a conquistar algo positivo. Este é um aspecto prático da revolução da perspectiva. Pense em como usar a totalidade de recursos ao seu alcance. Nada se perde, é possível tirar proveito de todos os eventos e situações da vida.

O mesmo se aplica às pessoas. A gente gosta de umas e não gosta de outras. Sente-se feliz e satisfeita na companhia das que gosta. Mas uma pessoa com quem você não simpatiza pode vir a ser a sua tutora pessoal, porque essa situação lhe permite fazer um estudo exaustivo, indagando o que tanto o desagrada nessa personalidade. É importante agradecer as oportunidades que o levam a compreender mais a natureza humana. Tente descobrir por que essa pessoa comete tantos erros, por que o seu caráter o contraria tanto, por que ela diz coisas tão terríveis ou por que tem uma visão tão pessimista de tudo. O estudo de todas as facetas dessa personalidade ensina muito.

As lições aprendidas no estudo do outro acabam se transformando numa espécie de poupança pessoal. Não encare um depósito simplesmente como o dinheiro que você põe no banco. As lições que a gente aprende e confirma por meio das experiências e da observação são armazenadas como um "investimento" a que é possível recorrer sempre que a situação exigir. Quem tem muitas "aplicações" desse tipo conhece o sucesso na vida. Nunca é demais ressaltar a importância dessa atitude.

5. Nada é insignificante no mundo criado por Deus

Outra observação que eu gostaria de fazer é que revolucionar a perspectiva não se limita unicamente às questões de caráter individual. Ainda que a idéia esteja intimamente ligada à realização pessoal, não é um modo de pensar destinado apenas a ajudá-lo a realizar as ambições pessoais ou a facilitar a vida. Convém ter isso claro desde o início.

A base deste pensamento é a idéia de que não existe absolutamente nada que não tenha utilidade neste mundo criado por Deus. Seres humanos que somos, nós nos queixamos, lastimamos, desejamos outras coisas e achamos difícil viver num lugar como este nosso mundo. Alguns chegam a ter a sensação de não poder confiar em ninguém. O ato de revolucionar a perspectiva se fundamenta na convicção de que a visão negativista não pode ser verdadeira. Se você não adotar esta premissa, não vai conseguir revolucionar a sua perspectiva.

O mundo foi criado por Deus, e Ele o criou com a melhor das intenções. Projetou-o para que fosse um lugar maravilhoso, bom, bonito e puro, do contrário não teria se dado ao trabalho de criá-lo. É verdade que geralmente nós enfrentamos problemas e que, aos olhos de muitos, esse enfrentamento é pernicioso. Mas essa nunca foi a intenção de Deus.

Nos livros publicados pela Ciência da Felicidade, você lerá que o mundo que habitamos não surgiu por acaso, é obra de Deus. Também aprenderá que ele foi criado pela sagrada vontade divina. Sendo assim, por que são tantos os que enfrentam desconforto e dor vivendo neste mundo? Provavelmente, porque eles não acreditam que o mundo foi criado com a melhor das intenções. Talvez não tenham compreendido que Deus o criou para que fosse um lugar bom e maravilhoso. É possível que toda essa gente sofra por ter interpretado mal essa verdade ou por tê-la distorcido.

Você vai pensar de outro modo se passar a ver o mundo por esse prisma. Perceberá que, até agora, esteve bancando o juiz do mundo e o crítico dos outros. Talvez tenha reclamado do destino, condenando as coisas que o rodeiam, classificando tudo de bom ou mau e concluindo que existem muito mais coisas ruins do que boas. Conseqüentemente, a única conclusão possível é a de que o mundo é um lugar sinistro e desagradável. Mas voltemos ao ponto de partida: este é o mundo criado por Deus. Acreditar que o mundo criado por Deus é um lugar maravilhoso é o próprio princípio de tudo. Só a falta de entendimento ou uma visão deformada nos impede de pensar assim.

Se você for capaz de pensar nesses termos, pode começar a indagar se o seu modo de ver a vida ou algumas das suas atitudes não estão equivocadas. Mesmo que você ache que as outras pessoas não são boas ou que pouca gente merece confiança neste mundo, vai começar a sentir que esse tipo de pensamento está errado. Se a premissa básica é a de que este mundo foi criado com base na bondade, a atitude de condenar tudo à sua volta só pode ser errônea.

O problema principal está na percepção incorreta do mundo em que vivemos e de tudo quanto nos foi dado. Tudo o que aqui existe nos foi dado como suprimento, para enriquecer nossa alma. Adotando este modo de pensar, você entenderá que nada neste mundo é supérfluo.

6. Confronte seu karma com uma atitude positiva

A premissa fundamental segundo a qual nós vivemos em um mundo criado por Deus conduz à premissa seguinte, na qual você já deve ter ouvido falar, que é a lei da reencarnação. Aceitando a idéia de que os seres humanos encarnam inúmeras vezes neste mundo com o intuito de promover o próprio crescimento espiritual, você pode interpretar diferentemente a sua vida atual, que às vezes lhe parece uma provação. Se o seu pensamento estiver baseado no fato de que a gente tem vida eterna e nasce e renasce várias vezes na Terra, você terá uma perspectiva completamente nova.

Você perceberá que os problemas que enfrenta agora revelam o tipo de desafio que lhe cabe enfrentar nesta existência. A vida é como um caderno de exercícios com problemas a serem resolvidos, e aquilo que agora causa sofrimento, principalmente o sofrimento mais profundo, revela as questões vitais que lhe foram colocadas. Portanto, quando sentimos que estamos sendo levados por um redemoinho de sofrimento, significa que, neste exato momento, estamos diante de uma das questões mais importantes da vida e, ao mesmo tempo, vivenciando uma oportunidade decisiva de crescimento espiritual. Ocasião extremamente empolgante para cada um de nós.

Você finalmente subiu ao ringue para lutar. Até agora, passou muito tempo treinando, fazendo sombra com um adversário imaginário, mas essa etapa já passou, e a luta vai começar. Quando o árbitro se dirigir ao lutador no córner vermelho, terá chegado a hora de tirar o roupão e ir para o centro do tablado. Pode ser que lá você pense em alguma coisa como: "Quero ir ao banheiro", mas é tarde demais para isso. Uma vez chamado, só lhe resta lutar.

Se no momento você estiver às voltas com alguma dificuldade, significa que depois de ter treinado um, dois ou talvez seis meses para o tão anunciado combate, finalmente chegou a hora de entrar no ringue. Foi para este momento que você veio ao mundo; aliás, antes mesmo de nascer é possível que tenha passado décadas ou mesmo séculos, no outro mundo, preparando-se para este momento. Só quando se sentiu forte o suficiente foi que decidiu descer à Terra para enfrentar o desafio. Talvez tenha passado séculos ou até mais se preparando para essa oportunidade. Você se empenhou durante muito tempo em treinar para o grande confronto.

Portanto, agora que está no ringue, é tarde para inventar desculpas. Uma vez aí em cima, você sabe o que fazer. Há um adversário à sua frente, de modo que não vale a pena ocupar-se de mais nada; a sua única alternativa é nocauteá-lo. Se ele for uma pessoa, é possível que aplique contragolpes muito dolorosos. Mas, no momento, você não está enfrentando um ser humano. Aquilo que parece ser um problema insuperável não passa de uma miragem. É apenas o seu karma aparecendo à sua frente na forma de um problema ou de uma aflição. Quem você enfrenta no ringue não é uma pessoa: o combate é com o seu karma, e você tem de vencer a qualquer preço. Este é o propósito da sua atual encarnação.

Só estou explicando a idéia de "revolucionar a perspectiva" por outro ângulo. É o modo de explicá-la do ponto de vista da coragem e do entusiasmo. Por exemplo, ao se imaginar subindo no ringue, você só pode se sentir encorajado. Afinal de contas, é para essa luta que vem treinando há tantos anos. Que história é essa agora, na hora H, de vir com desculpas do tipo "O que fazer já que eu não sou lá muito inteligente?" ou "É tudo por causa da minha situação", "Os culpados disso são os meus pais", "A culpa é toda do meu irmão" ou "Eu não vou conseguir porque sou pobre".

Você já está no ringue, saiu do córner vermelho, tocou luvas com o adversário azul e agora está frente a frente com ele. Arranjar uma desculpa seria a mesma coisa que dizer: "Bom, a questão é que eu não tenho treinado muito ultimamente. Minhas pernas estão um pouco duras, e eu sinto dor nas costas desde ontem. O meu ombro está completamente inchado e eu mal consigo andar. Estou sem massa muscular, vê? E também sem o mínimo espírito esportivo. A culpa é toda do meu treinador, é por causa dele que eu não estou preparado. Pensando bem, dá na mesma ganhar ou perder a luta. Mesmo porque todo mundo sabe que eu vou perder mesmo..." Se ouvir um adversário dizer uma coisa dessas, você vai pensar que ele é muito fraco e não hesitará em lhe dar um bom soco na cara!

Esse tipo de atitude não vale a pena. Uma vez no ringue, é preciso esconder as fraquezas e dar o melhor de si. No momento em que for enfrentar o seu próprio karma, você precisa estar decidido a ser corajoso e seguir em frente. Mesmo se estiver em desvantagem, não o demonstre. Não deixe o oponente perceber que tem uma chance. Mesmo que você não pese mais do que sessenta e poucos quilos, estufe o peito e comporte-se como um peso pesado, faça com que o oponente fique com medo de ser derrubado. É preciso pensar positivamente sempre.

7. Cada um o avalia de um modo diferente

Muita gente tem complexo de inferioridade com o corpo. São raros os que acham que têm um corpo perfeito. Aliás, são tão poucos os que podem dizer que têm um físico impecável que chega a ser perda de tempo ficar preocupado com os defeitos físicos.

Se tivesse de fazer uma lista das coisas que o incomodam, quantas você acha que conseguiria incluir nela? Tenho certeza de que levaria em conta tanto questões físicas quanto as de personalidade, mesmo assim, a sua lista não teria mais do que vinte ou trinta itens. Só um gênio conseguiria chegar a cem ou duzentos. Se conseguir levantar cem questões relacionadas com o seu físico e mais cem ligadas às suas deficiências mentais e espirituais, você será digno de nota. Mas é preciso averiguar se você está realmente preocupado com tudo isso.

Muitos fatores que nós consideramos negativos na vida podem na verdade ser o oposto, é nisso que eu quero que você pense com muito cuidado. Tem certeza de que as coisas que o preocupam não têm pelo menos um aspecto positivo? Se for possível detectar um lado positivo, então faça um esforço para desenvolvê-lo.

8. Programe-se para viver até os 120 anos

Alguns se queixam de não ser lá muito inteligentes, de não ser brilhantes o suficiente. Se, ao constar que lhes falta conhecimento, eles simplesmente chegarem à conclusão de que não são bons, não terão a menor chance de mudar. Às vezes é importante mostrar às pessoas quais são os seus limites, mas é preciso que elas digam a si mesmas: "É por isso que é tão importante eu me esforçar." Se você acha que lhe falta capacidade intelectual, empenhe-se no estudo, uma empreitada que pode ser muito prazerosa. Por mais que a gente estude, sempre há algo novo que aprender. Essa é uma maneira de abordar o problema.

Eu já devo ter escrito uns cem livros — algumas pessoas lêem depressa e apreendem o conteúdo com muita facilidade. Visto por outra perspectiva, isso é uma pena, porque o prazer que elas têm é muito passageiro. Por outro lado, há quem se programe para ler todos os livros num período de dez anos. Os que fazem planos a longo prazo são uns abençoados. A cada ano que passa, novos livros são publicados, de modo que a sua programação vai se estendendo; eles têm de viver muitos anos para escalar a montanha de livros que se erguerá à sua frente. O que implica que são muito mais afortunados do que aqueles que morrem cedo.

Eu quero que você pense nos anos de vida que ainda lhe restam, sobretudo se já estiver próximo dos cinqüenta ou sessenta anos e às vésperas da aposentadoria. Tem certeza de que você não acha que só lhe restam cinco ou dez anos? Seria uma tragédia. As pessoas tendem a ser muito pessimistas com isso, e, já que só lhes restam dez anos de vida, que sentido há em começar uma coisa nova.

— 73 —

Mas eu lhe peço que aumente a sua expectativa de vida. A gente precisa se programar para viver até os 120 anos de idade. Isso vale particularmente para as pessoas de meia-idade; elas precisam se imaginar vivendo até os 120 anos. Assim, fica claro o que ainda precisam fazer. Por exemplo, quem hoje está com sessenta anos, tem mais sessenta pela frente, portanto, precisa planejar o que vai fazer nesse período.

Será possível que elas se conformem em viver sem nenhum propósito novo na vida? Se têm mais sessenta anos pela frente, é a mesma coisa que estar começando do berço. Daqui a dez anos, elas serão adolescentes, depois jovens adultos. Lá pelos noventa, entrarão na fase em que a gente vive um romance, então aos cem... Tudo pode acontecer, de modo que é preciso começar a planejar a partir de agora. Se a pessoa tiver a desventura de vir a falecer em plena juventude espiritual, com apenas noventa anos, por que lamentar? Maravilhoso.

Assim, quem pensa que não tem muito tempo de vida pela frente precisa revolucionar a sua perspectiva e ter planos de viver 120 anos. Se uma pessoa de sessenta anos fizer isso, terá mais sessenta pela frente. Não havendo mudança de planos, minha vida na Terra se estenderá por mais cinqüenta anos, logo essas pessoas terão dez anos a mais que eu para continuar estudando. Serão muito afortunadas se conseguirem concluir o estudo de todos os meus livros e palestras sobre a Verdade antes de deixarem este mundo.

Considere a sua idade, faça planos para uma vida muito mais longa. É assim que eu gostaria que você planejasse o futuro.

9. É possível prolongar a vida mediante o esforço

É fato que você pode prolongar o seu tempo de vida se fizer um esforço. Dizem que o tempo de vida das pessoas é predeterminado, mas isso não é 100% verdadeiro. São inúmeros os momentos de guinada com que nos deparamos no curso da existência, eles marcam o início de novas fases, as quais, até certo ponto, são predeterminadas. São muitos esses momentos de virada, por exemplo, aos 55, aos 70, aos 75, aos 80 e assim por diante. No entanto, é mais ou menos como o fator probabilidade na previsão do tempo; pode ser 80% garantido, quem sabe 50 ou 60%, mas depende. Se, nesses momentos de virada, nós formos capazes de promover uma espécie de revolução na maneira de pensar, é possível que a nossa vida se prolongue.

Se você tiver um motivo para ficar neste mundo, pode prolongar a sua vida aqui. Se não for capaz disso, terá de partir. Mas aquele que apresentar algo que justifique a continuidade terá permissão de permanecer na Terra. Portanto, se você deseja viver mais tempo, tem de ter um motivo para isso. A razão mais comum é ainda ter uma obra a realizar, sendo assim, é preciso fazer planos para o futuro.

Eu sinto necessidade de transmitir ensinamentos aos que estão no começo da vida, mas se tivesse de dizer o que é mais essencial, diria, sem dúvida, que é decidir que deseja viver 120 anos. Qualquer um que decida viver até essa idade verá que está se livrando de todas as preocupações. Saberá exatamente o que tem de fazer e realizará tudo aos poucos. O importante é seguir em frente sem se preocupar com a possibilidade de a vida ser interrompida na metade.

Quem está com vinte e poucos anos tem muito que fazer. Já que ainda lhe restam cem anos para viver, é preciso fazer planos para preencher este tempo. Cem anos é muito tempo para admitir apenas um projeto, por isso os jovens precisam planejar os diversos caminhos que pretendem trilhar na vida. Devem fazer os mais diversos preparativos para desfrutar os cem anos de vida que têm pela frente.

A existência é como um *show* pirotécnico; se houver só um tipo de fogos de artifício, ele fica enfadonho. É preciso se ter à mão dois ou três diferentes tipos de foguetes, então sim é um belo espetáculo. É importante ter diferentes projetos para o futuro. Enfim, aos 30, aos 40, aos 50 ou aos 60 anos de idade a sua vida pode finalmente começar a florescer, para isso é necessário plantar uma grande diversidade de sementes.

Com isso, a gente adquire grandeza e fortalece os alicerces da nossa sabedoria e entendimento. Quem colhe informações apenas para uso imediato não se desenvolve, pois as meras ocorrências da vida não trazem sabedoria. A riqueza da alma só pode ser cultivada pelo aprendizado contínuo daquilo que certamente vai aperfeiçoá-la, independentemente de ser útil ou não no futuro. Para adquirir essa riqueza é essencial ter um projeto de vida em grande escala.

Mesmo que todos os estudos, as experiências, o conhecimento e o aprendizado acumulados não forem diretamente úteis nesta vida, nada se perde. Você pode perguntar, mas o que eu posso levar comigo quando voltar para o outro mundo? E eu lhe direi: tudo que tiver aprendido na vida. Isto você pode levar consigo porque foi assimilado. Ainda que não tenha sido útil para você nesta existência, numa perspectiva mais ampla, há de beneficiá-lo na outra.

Terceira parte

Vida e vitória

3. Vida e vitória

1. Quando uma filosofia irradia luz

À Terceira parte eu dei o título "Vida e vitória". Uma das características deste livro, *Pensamento Vencedor*, é não ser uma teoria abstrata; sendo o seu tema como obter a vitória contínua na vida, ele é necessariamente um guia prático.

Quem enfrenta uma situação difícil provavelmente quer saber o que é preciso fazer em termos práticos. A maioria das pessoas pergunta: "O que devo fazer? Como resolver o problema?" Uma vez resolvido este último e cessadas as preocupações, a gente passa para o estágio seguinte do desenvolvimento, avançando na vida de modo positivo.

É por isso que eu não subestimo a importância do aspecto prático da filosofia ou da Verdade. Embora o enfoque deste livro seja o prático, sejam as questões do dia-a-dia, se ele conseguir levar salvação e felicidade às pessoas, tanto melhor. A minha intenção não é atuar apenas em termos filosóficos; acredito que só uma filosofia capaz de salvar muita gente é que traz a luz.

Nesta seção, vou falar naquilo que você precisa dominar e no número mínimo de obstáculos que tem de superar para ser vitorioso na vida. O tema foi organizado com os seguintes subtítulos: "Como ter uma vida saudável", "A criação de riqueza" "O cônjuge e o lar", "Encontros que alteram o destino" e "Um legado espiritual"; cada qual será tratado individualmente.

Posto que esses tópicos não forneçam a totalidade de ensinamentos capazes de assegurar uma existência vitoriosa, tenho certeza de que lhe darão a bagagem necessária para superar os problemas mais básicos. Grande parte disso depende da sua capacidade de pôr em prática os princípios oferecidos como exemplo, de você usá-los ou não como alicerce sobre o qual estruturar as próprias experiências.

2. Como ter uma vida saudável

1) As condições físicas restringem o coração (mente)
Para iniciar, vamos discutir o tema "como ter uma vida saudável". Quando o assunto é vencer na vida, a saúde é uma questão muito importante.

Já escrevi bem mais de cem livros tratando, por diferentes ângulos, dos problemas relacionados com o coração. Também fui além do individual para estudar o coração do Grande Cosmo. Embora seja enorme o número de grandes temas, todos eles partem inevitavelmente do ser humano individual.

Essencialmente, todos os homens são seres espirituais; ao mesmo tempo, é impossível negar que vivemos num mundo tridimensional (este mundo). Conquanto sejamos seres do Mundo Real (o outro mundo) e esta seja nossa condição verdadeira, atualmente habitamos este mundo e, por isso, precisamos assumir uma forma adequada à vida neste reino.

Ao afirmar tal coisa, quero dizer que nós nos manifestamos necessariamente por intermédio do nosso corpo físico. Mesmo os espíritos superiores, quando estão aqui na Terra, não têm escolha senão se manifestar pelo corpo físico. Não podem se expressar unicamente pela luz que irradiam. Por mais que emitam luz, precisam de boca para falar, de olhos para transmitir um sentimento, de cérebro para formular o pensamento, de modo que também se deixam restringir pela forma física.

Trata-se de uma questão muito importante. Os ensinamentos da Ciência da Felicidade não negam o corpo físico; nós não dizemos que a matéria não existe e que, portanto, não precisamos nos preocupar com o corpo físico. A nossa doutrina se ocupa das coisas do mundo tridimensional e do modo como devem viver os seres humanos que atualmente se encontram na Terra, de sorte que não podemos nos dar ao luxo de desprezar as questões concernentes ao corpo físico.

Ao tratar especificamente do coração, não temos como deixar de levar em conta as influências espirituais que a todos afetam, sem exceção. Como superar as influências espirituais negativas é um assunto de grande importância para cada um de nós, e, sem dúvida alguma, a auto-reflexão é uma técnica muito eficaz para chegar a tanto. Todavia, antes de falar na auto-reflexão, é preciso levar em conta o fato de que o coração, longe de ser independente, é limitado por uma série de condições.

Umas delas é o corpo físico. Se você não o controlar bem, o seu estado físico lhe pressionará o coração a ponto de desencaminhá-la.

2) Aprender a controlar o corpo físico

O corpo é como uma bicicleta que a gente aprende a guiar adequadamente. Lembra de como você se sentiu na primeira vez em que andou de bicicleta? Com certeza, achou impossível se equilibrar naquela engenhoca tão instável.

Na infância, é bem possível que você até tenha precisado de um apoio extra. Aquelas rodinhas laterais que dão estabilidade até que a gente aprenda a controlar a bicicleta. Com essas rodinhas a bicicleta parece ser muito estável. Mas basta tirar as rodinhas para que ela volte a ficar instável e seja muito difícil manejá-la. A gente não sabe o que fazer para manter o equilíbrio. E, embora só isso já seja tremendamente difícil, ainda é preciso pedalar para que a bicicleta ande. E a coisa não acaba aí, você tem de olhar para a esquerda e para a direita e, ao chegar à esquina, precisa decidir que direção tomar. Para subir uma ladeira, é obrigado a redobrar o esforço e, na descida, precisa usar o freio para controlar a velocidade.

Encarando-a desse ponto de vista, não seria de surpreender que você julgasse a bicicleta um veículo instável e tremendamente perigoso. No entanto, quando você se acostuma a andar diariamente de bicicleta, ela se torna praticamente uma extensão do seu corpo, e é possível manobrá-la sem a menor dificuldade. Com o corpo físico é a mesma coisa. No começo, ele é muito difícil de controlar, e a alma se sente inteiramente confinada. Mesmo assim, quando aprendemos a controlar o corpo, esse sentimento de restrição desaparece e nós descobrimos que é possível ir a qualquer lugar. Pouco a pouco, o corpo vai se tornando parte de nós.

O importante é saber que, estando sob controle, o corpo passa a ser uma coisa extremamente útil, como a bicicleta; mas, se por algum motivo não conseguirmos controlá-lo, pode se tornar perigosíssimo. Tanto quanto uma criança numa bicicleta de adulto; esta é tão perigosa e instável que a criança não consegue controlá-la. É como ficar sem freios ou com o guidão quebrado. O mesmo pode acontecer com o corpo.

O que eu estou tentando dizer é que as pessoas capazes de manter uma boa forma física já deram o primeiro passo rumo a uma existência vitoriosa. Não há outro caminho. Em grande medida, você mesmo pode se incumbir de conservar a saúde em âmbito pessoal. É como cuidar de uma bicicleta, verificando se o guidão não está torto, se os freios funcionam, se os pneus não estão vazios; se for cuidadoso e estiver sempre atento a essas coisas, você evitará todos esses problemas. Se, ao constatar um pequeno vazamento no pneu, a sua reação for dizer: "Ora, não faz mal, isso não é problema", é bem possível que você tenha a desagradável surpresa de não contar com o seu meio de transporte quando mais precisar dele. O mesmo se pode dizer dos freios. Talvez você pense: "Ah, aqui quase não passa carro, não tem perigo", mas e se um carro aparecer subitamente à sua frente? Com o corpo acontece exatamente a mesma coisa.

3) Cuidar do corpo cabe ao indivíduo

Enquanto você mantiver um estilo de vida saudável, o seu corpo físico funcionará para realizar o seu propósito original. Quem não cuida do próprio corpo, não pode responsabilizar os outros; nós somos os únicos responsáveis por ele. Administrar o corpo físico é uma tarefa pessoal.

Certa vez, um ex-oficial das forças armadas japonesas me contou como os soldados treinavam para saltar de pára-quedas. Começavam pulando de uma altura de aproximadamente quinze metros, depois passavam a saltar de uma torre de cerca de trinta metros de altura; então se precipitavam de um avião a milhares de metros acima do nível do mar, sendo que o pára-quedas só se abria após alguns instantes de queda livre. Cada soldado era responsável pela manutenção do seu pára-quedas. O mau funcionamento do equipamento podia custar uma vida humana, por isso era natural que ninguém confiasse a tarefa a terceiros. Se o pára-quedas não abrir, a causa terá sido o descuido do próprio pára-quedista, e mais ninguém pode ser culpado pelo acidente. Caso contrário, se fosse possível responsabilizar outrem pela falha, os soldados não teriam como se queixar.

O exemplo pode parecer estranho, mas acontece que nós estamos numa situação bem parecida. É mais ou menos como se a nossa alma fosse o pára-quedista; e o nosso corpo, o pára-quedas. Se este rasgar ou não abrir, é tragédia na certa; da mesma maneira, se o corpo sofrer um dano que o comprometa ou prejudique gravemente, a alma terá de passar por sérias provações, independentemente de tê-lo previsto ou não.

No mínimo, você deve fazer o possível para manter o corpo fora de perigo. Do contrário, o seu coração será afetado negativamente, e a culpa há de ser exclusivamente sua. Pouco importa a dimensão do mundo espiritual da qual você provém; até mesmo os Anjos de Luz reencarnados adoecem quando não cuidam do corpo. É uma lei imutável deste mundo. Assim como um pneu murcha se o perfurarem com um prego, o corpo se deteriora se não receber a necessária quantidade de descanso, alimento e cuidado.

Um jogador profissional de beisebol que todo dia for escalado para primeiro *pitcher* ou arremessador não terá carreira muito longa, pois, como se sabe, seja qual for o seu preparo físico, o arremessador precisa de um intervalo de no mínimo quatro dias entre os jogos, do contrário não agüenta o esforço. Isso é fácil de entender quando se fala de jogador de beisebol, mas, quando se trata do nosso corpo, pouca gente tem consciência disso.

É muito difícil saber até que ponto você pode trabalhar, de quanto descanso necessita e do que precisa para manter o corpo em condições ótimas. Não é uma coisa que se aprende na escola e, do mesmo modo que o coração, a manutenção do corpo é responsabilidade de cada um individualmente. Por vezes os parentes nos ajudam a manter a forma, mas a incumbência é basicamente nossa, sem colaboração alheia.

4) A relação entre o corpo e o coração (mente)
Conforme vão envelhecendo, as pessoas tendem a se queixar cada vez mais. Isso é muito comum nos que chegam aos sessenta ou setenta anos e, ao mesmo tempo, começam a se preocupar com o que há de acontecer no futuro e com o que sucedeu no passado. Você pode achar que é um problema do coração, mas, se assim for, por que afeta mais as pessoas idosas? O principal motivo é elas sentirem o corpo muito mais debilitado do que outrora.

À medida que envelhecem, as pessoas vão sentindo as pernas fracas, já não têm força para empreender as caminhadas de antigamente. Isso as torna rabugentas, muitas delas se põem a reclamar o tempo todo, coisa que dificulta muito a vida de quem convive com elas. Isso acaba se transformando num problema para a família. A causa dele é muito simples. Ao se aposentar, essa gente pára de exercitar o corpo, e isso degenera em um problema do coração interior. Mas não se trata de um problema só daquela pessoa; envolve uma família inteira e pode se agravar muito. Basicamente, os aposentados têm menos oportunidade de usar o corpo e, em geral, nada fazem para compensar esse sedentarismo de outro modo.

Também entre os jovens são comuns os graves problemas de ordem física. Se há os que comem demais, não faltam os que emagrecem tanto que chegam a parecer anoréxicos; nos dois casos, a causa é não saberem levar uma vida balanceada. Há quem adora bolo e acha que a felicidade consiste em comer dois bolos por dia. Mas, como é preciso controlar o peso, eles excluem os outros alimentos e fazem dieta para não engordar, portanto não surpreende que eles se sintam mal. Porém, mesmo assim, eles continuam tendo o mesmo comportamento.

Eu entendo como a pessoa se sente em tais circunstâncias, mas gostaria que ela conseguisse se controlar. Se não conseguir, apesar do fato de estar adoecendo, a única culpada pelo que eventualmente irá acontecer é ela mesma. Ninguém pode se alimentar exclusivamente de bolo; nós precisamos de outros nutrientes. O mesmo vale para quem só come chocolate até ficar com os dentes cariados. De quem é a culpa? Não dá para responsabilizar a Deus. A única culpada pelos muitos dentes que estão caindo é a pessoa que come chocolate em excesso.

Assim, convém você assumir a responsabilidade e tratar de cuidar do corpo. Isso é particularmente verdadeiro no que tange aos exercícios. Ninguém pretende mandá-lo fazer mais ginástica. Ninguém pretende dizer como administrar a questão; você precisa pensar no seu corpo como algo muito precioso, que demanda cuidado, e fazer os exercícios que lhe parecerem adequados ao ambiente em que vive. Quanto mais forte for o seu corpo, mais forte há de ser a seu coração interior. Estando em boa forma, nós nos sentimos bem, mas se o corpo estiver fraco, tornamo-nos cada vez mais pessimistas com tudo.

Portanto, quando estiver se sentindo bem, concentre-se no pensamento positivo e, quando se sentir mal, dedique-se mais à auto-reflexão. Esta é difícil quando a pessoa está eufórica ou muito contente, por isso, nessas ocasiões, convém recorrer ao pensamento positivo. Inversamente, quando estiver ligeiramente deprimido, procure refletir sobre tudo quanto você já realizou. É assim que nós nos especializamos no uso das duas técnicas — eu lhe peço que pense nisso, além de cuidar da saúde.

3. A criação de riqueza

1) Os problemas relacionados com a disposição religiosa
O próximo tema que eu gostaria de abordar é o da criação de riqueza. Muita gente de índole religiosa vê o dinheiro como algo negativo e acredita que é errado ser rico. Isso ocorre tanto entre os budistas quanto entre os cristãos.

No caso, o ponto relevante a se considerar é que o nível de pobreza de uma pessoa depende do grau em que ela sente que é errado ser rico. Quem está plenamente convencido de que a prosperidade o impedirá de entrar no céu jamais enriquecerá. Se for só nisso que ele acredita, o problema não é tão grave assim. Mas, se essa pessoa tiver inveja dos ricos e começar a criticá-los, estará instalando o inferno em seu próprio coração. Este é um exemplo de desarmonia decorrente da auto-imposição.

Se você simplesmente não deseja ter dinheiro nem outras formas de luxo, se não é apegado a eles, isso pode ser considerado uma virtude. No entanto, se se puser a condenar os ricos e a afirmar que a fortuna os condenará ao inferno, uma nuvem negra encobrirá o seu coração, e você criará um inferno dentro de si. Por mais estranho que pareça, é exatamente isso o que acontece. Se você começar a se restringir e prender, manifestando a tendência a criticar os outros, convém tomar cuidado.

Outro exemplo parecido é o dos problemas ligados ao relacionamento com o sexo oposto. O dinheiro e o relacionamento com o sexo oposto são questões freqüentemente mal interpretadas por quem tem disposição religiosa. Há inclusive os que acreditam que, se se casarem, não poderão entrar no céu, e não falta quem queira acreditar que isso acontecerá. Não sei qual dos dois grupos é mais comum, mas essa gente realmente existe.

2) A riqueza como meio de alcançar a felicidade
Para encontrar uma resposta ao problema colocado pela riqueza, em primeiro lugar convém indagar por que ela existe. A "riqueza" refere-se tanto a dinheiro quanto a outros bens, mas por que ela existe?

A riqueza existe neste mundo para expressar uma outra "riqueza", a do Mundo Real. O Mundo Real não é um lugar de miséria. A prosperidade se manifesta de diversas formas, e há uma lei que institui que os puros de coração receberão tudo quanto desejarem. Todos os habitantes do Mundo Real vivem em estado de pureza, por isso são prósperos. Todavia, o modo como essa riqueza se expressa no Mundo Real inexiste neste mundo tridimensional, daí as pessoas procurarem usar o dinheiro como um meio de expressão substituto. É claro que riqueza não quer dizer necessariamente dinheiro, mas este não deixa de ser uma forma de expressão adequada.

A questão é como usar o dinheiro. Em outras palavras, o bem e o mal relacionados com a riqueza neste mundo dependem dos motivos e das intenções de quem a usa. Por exemplo, se uma organização quiser erigir um prédio, vai precisar de dinheiro; se com a construção desse imóvel ela tiver condições de ministrar palestras e organizar encontros capazes de beneficiar as pessoas, o dinheiro terá sido muito bem empregado. A organização também pode alugar o edifício a terceiros, se não o estiver usando, colocando-o à disposição de outrem. Eis um exemplo de como o capital cria espaço e, assim fazendo, oferece às pessoas lugares onde exercer atividades capazes de proporcionar alegria e felicidade. Portanto, pode-se dizer que, ao criar espaço, o dinheiro cria felicidade.

É lamentável que a riqueza desencaminhe tanta gente. Se quisermos realmente melhorar este mundo, os que são puros de coração devem ensinar os outros como dispor corretamente da riqueza. É preciso sempre averiguar se ela foi obtida por meios lícitos. No momento em que conseguirmos fazer isso, o mundo passará a ser um lugar muito melhor. Eu acredito que a riqueza pode ser canalizada para a construção de uma sociedade ideal aqui na Terra. É isso o que importa: a prosperidade financeira implica felicidade para muita gente.

3) A pobreza eivada de inveja é errada

Agora eu gostaria de ressaltar que ninguém pode alterar os princípios alheios. Se você acredita que a pureza vem da pobreza, ninguém há de se opor. Se o seu desejo é viver conforme esse princípio, faça isso com empenho; é uma escolha de vida digna de ser vivida. Mas, se escolher esse caminho, tome também a decisão de não ter inveja dos outros. Se você está satisfeito vivendo honestamente na pobreza, essa é a sua escolha individual, mas ela não lhe dá o direito de julgar os demais. Todas as pessoas têm modos diferentes de viver e de pensar. Se você optou pela pobreza, não exija que os outros façam o mesmo. Nunca manifeste ciúme ou inveja — isto é muito importante.

Se a sua decisão de viver honestamente na pobreza se deixar contaminar pela inveja, a própria pobreza se converterá numa coisa negativa. Se, por outro lado, ela lhe permitir livrar-se do apego às coisas materiais e a vibração do seu coração se conservar pura, a pobreza há de ser uma virtude. A pobreza que degenera em ciúme e inveja turva os corações e não faz bem a ninguém.

Quem detectar essa tendência negativa em si ou nos que lhe são próximos deve lutar para superá-la. Se você se sentir tolhido pela pobreza, se ela o fizer sentir-se miserável e invejoso, faça um esforço para romper esse círculo.

Alguns se preocupam porque têm dinheiro demais, mas em comparação com quem não tem nada ou está atolado em dívidas, pode-se dizer que, em termos de harmonia interior, aqueles se acham numa situação muito melhor. Dizem que é bom ter dinheiro suficiente para não ficar preocupado, e eu concordo com isso em termos gerais. Dispor de dinheiro suficiente que lhe permita viver sem privação só pode ser bom. Se você for incapaz de admitir isso, terá uma vida repleta de inveja e miséria.

Portanto, se o seu desejo é o de levar uma vida de honestidade e pobreza, não inveje os outros. Se não conseguir evitar a inveja, então faça um esforço para sair da pobreza. É importante estabelecer metas que visem a prosperidade e então lutar para atingi-las.

4. Os três princípios básicos para a criação da riqueza

Há três princípios básicos para a criação da riqueza. O primeiro deles, que sempre foi verdadeiro, é o da poupança, ou seja, o da economia, da frugalidade e da exclusão do esbanjamento. Esse é o ponto de partida. O perdulário, o que leva uma vida extravagante, por mais dinheiro que tenha, acaba gastando-o todo paulatinamente.

Diz um antigo provérbio que "a primeira geração constrói, a segunda gasta e a terceira destrói". A primeira geração trabalha arduamente para não perder o emprego no moinho, a segunda compra a fábrica e expande o negócio, a terceira leva a empresa à falência e é obrigada a voltar a ser empregada para sobreviver. Na maior parte dos casos, isso acontece porque a terceira geração não tem a menor idéia do que é trabalho árduo e leva uma vida excessivamente perdulária. Resultado: esbanja o dinheiro e acaba falida. Isso acontece tanto na vida privada como na empresarial, e é por isso que eu insisto: a poupança, a economia e a frugalidade têm importância vital.

Mas isso não significa ser avarento. Infelizmente, as pessoas mesquinhas nunca alcançam a verdadeira fortuna, por isso eu não recomendo a ninguém ser sovina a ponto de querer regular até o último centavo. Digo que é preciso evitar o desperdício. É importante ser moderado nos gastos, bem como não desperdiçar aquilo que já possui.

O segundo princípio da criação de riqueza consiste em saber que o dinheiro, normalmente, cresce nas mãos de quem sabe usá-lo. Dinheiro não dá em árvore, mas é mais facilmente obtido por aqueles que reconhecem o seu valor.

Os bancos acumulam grandes somas, e a razão é a capacidade que eles têm de usar esse dinheiro para produzir mais. É porque os bancos têm conhecimento de como usá-lo que o dinheiro chega até eles. O mesmo se dá no âmbito pessoal; a pessoa que sabe o que fazer com o dinheiro consegue acumulá-lo. Por exemplo, se quiser construir uma casa, você tem de trabalhar muito para obter os recursos necessários. Ou se tiver muitos filhos e quiser que todos façam curso superior, tem de batalhar para aumentar a sua renda.

Assim, o dinheiro sempre aparece para quem sabe o que fazer com ele, de modo que, se você quiser ser mais abastado, é importante primeiro ter uma idéia bem clara do que pretende fazer com o dinheiro. Deve ter condições de dizer a si mesmo: "Eu preciso de dinheiro para isto e para aquilo, por isso quero ser mais próspero." Quem acha que não precisa de dinheiro nunca ficará rico. Mesmo que conquiste alguma prosperidade, será sempre em escala limitada. A verdadeira fortuna só surge para aqueles que têm uma idéia clara do que fazer com o dinheiro.

O mundo está transbordando de riqueza à procura de quem saiba usá-la. Se essa pessoa aparecer, o dinheiro fluirá naturalmente para suas mãos. Nesse aspecto, pode-se dizer que o dinheiro é como o sangue que circula no corpo: flui para os lugares onde ele é mais necessário. O mundo está repleto de gente que possui uma quantidade enorme de dinheiro, mas não sabe usá-lo. Por isso, quando alguém propõe uma boa idéia para fazer uso do dinheiro, é inevitável que a riqueza flua automaticamente para suas mãos.

Um bom exemplo disso é uma empresa nova. Quem inicia um negócio não tarda a descobrir que o capital necessário está disponível. Os bancos se interessam por investir nele, aparecem sócios; pode ser que alguém ofereça espaço onde instalar a empresa. Enfim, chega ajuda dos mais diversos lugares. Tudo começa com boas idéias que motivam o coração das pessoas; isso atrai energia de toda parte que, por sua vez, chama a riqueza. Esta sempre gravita na direção daqueles que têm idéias e entusiasmo, em outras palavras, daqueles que sabem fazer bom uso dela. É importante ter idéias arrojadas sobre o uso da riqueza.

Como nas leis do coração, o terceiro princípio diz: "Aquele que dá recebe." Se conseguir acumular riqueza, não tente monopolizá-la para si. A riqueza por certo continuará circulando na sua direção se você a usar de modo a contribuir para melhorar o modo de vida dos outros e a lhes proporcionar felicidade. Em outras palavras, se você usar o dinheiro unicamente em benefício próprio, ele pouco a pouco minguará, mas, se for usado em benefício do maior número de pessoas possível, você descobrirá que ele continua crescendo e se multiplicando.

Tomemos o exemplo de Henry Ford, o famoso fabricante de automóveis norte-americano. Ele conseguiu acumular uma grande fortuna. O motivo foi ter sonhado com uma época em que qualquer um, até mesmo os operários e trabalhadores braçais, tivesse condições de comprar um carro. Um automóvel que a população pudesse comprar com as economias de um único ano de trabalho e, aos poucos, Ford viu o seu sonho se realizar.

Na Primeira parte deste livro, eu falei de Konosuke Matsushita, o homem que defendia aquilo que ele denominava "filosofia da torneira". Embora não seja gratuita, a água jorra da torneira com tanta abundância que até parece que é. Se acontecer de um estranho tomar a água da torneira do jardim da sua casa, você não o chamará de ladrão nem o acusará de roubar a sua água. Se o fornecimento não é gratuito e se ele tiver bebido sem a sua autorização, em termos rigorosamente legais essa pessoa pode ser acusada de roubo. Mas o fornecimento de água é tão generoso que a gente nem se lembra de que paga por ela, ninguém é acusado de roubo só por ter tomado um copo de água. Mesmo que essa pessoa tenha se servido sem permissão, o dono da casa não se sentirá roubado.

O objetivo do sr. Matsushita era fabricar eletrodomésticos tão baratos que acabassem produzindo nas pessoas o mesmo sentimento que elas têm com a água, daí o nome "filosofia da torneira". É uma espécie de filosofia do amor. Como ele previa, a sua empresa conseguiu produzir artigos eletrônicos a preços reduzidos e, atualmente, movimenta centenas de bilhões de ienes por ano.

O amor e a riqueza convergem para as pessoas dotadas de um coração que dá; circulam e retornam para o doador e se acumulam para criar mais prosperidade ainda. Portanto, para ter um desenvolvimento infinito, saiba que compartilhar a fortuna com os outros é tão essencial quanto compartilhar o amor. Isso não quer dizer que você deva sair por aí distribuindo dinheiro aos mendigos; o importante é colocar o dinheiro em circulação de modo que ele venha servir os outros dos mais diversos modos.

São numerosos e variados os métodos de alcançar a riqueza, mas os três que acabo de descrever são os fundamentais. Primeiro disponha do dinheiro com moderação; em segundo lugar, tenha uma idéia clara do uso que fará da sua fortuna e, terceiro, esteja disposto a usar o que acumulou em benefício de outros. Enquanto você observar esses três princípios, a sua fortuna não será considerada um mal; será, isto sim, uma bênção divina. Não perca isso de vista quando estiver empenhado em criar riqueza; e lembre-se de que ter mais influência através da riqueza não deve, absolutamente, ser visto como uma coisa negativa.

4. O cônjuge e o lar

1) Comece por criar um eu ideal
Como terceiro tema, eu gostaria de fazer algumas considerações sobre a questão dos cônjuges e do lar. Comecemos por examinar o casamento com a pessoa ideal. Muitos passam cinco, dez e até vinte anos preocupados com isso, muito embora a resposta seja surpreendentemente simples. Ao contrário do que espera a grande maioria, é inútil sair por aí à procura da pessoa ideal; aliás, quanto mais a gente procurar ou perseguir um ideal, mais se distanciará dele.

Já estou imaginando o comentário de alguns: "Isso não é verdade. Você vive dizendo que todo esforço é recompensado, que quem pede sempre recebe. Que história é essa, agora, de que a procura distancia? Quanto pessimismo!" É claro que "quem pede sempre recebe" e que "todo esforço é recompensado", as duas afirmativas são verdadeiras, mas agora eu estou falando de casamento, e, neste caso, as regras diferem um pouco. Enfocando isso, embora seja certo que, se tiver vontade de se casar, você pode consegui-lo, é igualmente certo que quanto mais correr atrás de um ideal, mais longe dele você ficará.

É mais ou menos como os gatos e cachorros tentando morder a própria cauda. Todos já devem ter tido a oportunidade de ver um filhote perseguindo o próprio rabo sem nunca alcançá-lo. Mas, quando eles o esquecem e saem andando, o rabo segue atrás deles. Encontrar o cônjuge é mais ou menos assim. As pessoas costumam se referir a ele como a sua "cara-metade", e, aliás, é verdade que o cônjuge é uma parte da gente. Se você sair correndo atrás do ideal, ele se afastará, mas se proceder com naturalidade e seguir adiante, ele o acompanhará. A metáfora pode parecer estranha, mas é muito adequada.

A primeira coisa que eu gostaria de deixar claro é que cada um precisa fazer de si mesmo a pessoa ideal com a qual alguém deseje se casar. Você pode imaginar uma grande variedade de parceiros ideais, mas a primeira providência que deve tomar é tratar de ser uma pessoa melhor, de modo que quando a mulher ou o homem dos seus sonhos se aproximar, ela ou ele tenha vontade de se unir a você.

A prioridade número um não é sair à cata do parceiro ideal. Mesmo que você já tenha feito uma lista das características que essa pessoa deve ter e viva repetindo consigo: "Esse é o meu par ideal, essa é a pessoa com quem eu quero me casar", infelizmente não vai encontrar o que está procurando. Pelo contrário, é preciso imaginar que tipo de pessoa esse seu parceiro ideal escolheria para se casar. Quando conseguir ser essa pessoa, você verá que o seu parceiro ideal não demora a aparecer.

O motivo pelo qual eu digo isso é que, no casamento, é importante que cada cônjuge seja o par ideal do outro. E aqui é muito importante que os dois combinem perfeitamente. Isso significa que, se você simplesmente imaginar o par ideal e sair à sua procura, não o encontrará. Se você não tiver transformado a si próprio no parceiro perfeito, mesmo que encontre o par ideal, ele passará reto como um trem-bala que não pára na estação.

Não há mal algum em ter um ideal e entreter essa imagem na mente, mas antes é preciso pensar na impressão que você vai dar ao parceiro dos seus sonhos, caso venha a encontrá-lo. Suponha que você tenha paixão por um astro de cinema e resolva ir assistir a uma entrevista que ele vai dar. O que você faria se essa pessoa lhe dirigisse a palavra ou pusesse a mão no seu ombro? É bem provável que fugisse, e com tal comportamento dificilmente conseguiria se casar com o tal parceiro ideal. Pouco importa que a fuga tenha sido por medo ou por vergonha, o fato é que você não permitiu a aproximação. Por isso precisa trabalhar-se a si próprio para que, quando encontrar a pessoa que lhe convém, ela também o considere o parceiro ideal. Isso é muito importante.

Sobretudo no caso dos jovens, é imprescindível escolher uma carreira, pois é pelo trabalho que a gente conquista as coisas mais importantes. É de suma importância que os jovens tenham uma visão clara do futuro, tanto quanto da perspectiva de sucesso financeiro.

Mesmo tendo sido apresentados a inúmeros bons partidos, são muitos os que não se dispõem a casar. Decerto hão de dizer que não encontraram a pessoa de que gostassem ou que lhes parecesse o partido ideal. O fato é que eles não sabem fazer uma avaliação objetiva de si mesmos. Em conseqüência, justamente por serem incapazes de se avaliar objetivamente, tampouco sabem dizer como seria esse parceiro ideal. E andam pelos cantos, esforçam-se para achar quem lhes faça companhia, mas não acham.

Mas, se soubessem dizer exatamente quais são as suas perspectivas de futuro, não teriam dificuldade de encontrar quem combinasse com eles. Pouco importa se pretendem trabalhar numa empresa ou abrir negócio próprio; o que importa é saber dizer: "Eu vou trabalhar para tal ou qual empresa, progredirei nesta ou naquela direção e, no futuro, hei de estar ganhando tanto por mês." Quando conseguirem fazer isso e o fizerem com entusiasmo, certamente encontrarão o parceiro do seu agrado.

Se você acha o seu trabalho maçante e quer abandoná-lo o mais depressa possível, lamento dizer que, por maior que seja o número de pessoas a que for apresentado, dificilmente encontrará o parceiro ideal. Eu repito: se você deseja mudar de vida, mas está protelando a mudança porque receia que isso atrapalhe as suas chances de casamento, fique sabendo que jamais encontrará a pessoa certa. Pode parecer estranho, mas a vida é assim.

Seja homem, seja mulher, tudo se resume no seguinte: você tem de se tornar o tipo de pessoa à qual o seu parceiro ou parceira ideal tenha vontade de se unir. Isso é o que importa.

2) Você compreende profundamente o seu parceiro?

O segundo ponto a ser discutido neste contexto é que o pré-requisito básico para quem pretende se casar, seja qual for o seu sexo, é saber compreender o parceiro. São muitos os outros fatores que pesam, mas este é fundamental.

É bem possível que você se preocupe com a aparência da pessoa, se ela é bonita ou feia, alta ou baixa, gorda ou magra, rica ou pobre, se tem um bom nível de instrução etc. Os pontos a levar em conta são tantos que muita gente acaba sem saber a qual deles dar mais importância. A pessoa pode ser inteligente, mas pobre; bonita, mas baixa; atraente, mas burra, de modo que é difícil decidir quais são os critérios mais importantes. Você pode até pedir conselho a alguém, mas é provável que acabe mais confuso do que antes.

Um assevera que o mais importante é a aparência, o outro diz que isso é bobagem, o que importa é o caráter da pessoa, pode ser que o terceiro dê destaque à inteligência, ao passo que o quarto "conselheiro" garante que o que vale é a bagagem pessoal. É muito difícil decidir, e eu lamento ter de dizer que você nunca topará com uma pessoa que corresponda a todas as suas expectativas. Fatalmente terá de aceitar alguém com um ou dois defeitos, de maneira que a questão é saber estabelecer as suas prioridades.

Em termos gerais, o mais importante é escolher alguém que você compreenda. Não interessa o dinheiro que essa pessoa tem, porque, à parte isso, não sobrará mais nada entre vocês dois. E mesmo que ela seja lindíssima, a atração acaba arrefecendo com o convívio diário. Talvez você queira se casar com determinada pessoa porque acha que ela tem uma personalidade simplesmente fantástica, mas, um dia, acabará se dando conta de que não lhe faltam defeitos.

Feitas todas as contas, a única coisa que sobra é a compreensão mútua e profunda. Um bom entendimento recíproco dura vinte, trinta, quarenta anos, ao passo que, se você se concentrar apenas nas características externas ou objetivas, mesmo que dê certo no começo, a relação entre vocês vai se rompendo pouco a pouco e acaba apresentando fissuras.

Imagine uma moça que, achando que o *status* acadêmico é o atributo mais importante que um homem pode ter, se case com um moço formado por uma universidade de grande prestígio. Embora tenha sido um ótimo aluno na faculdade, digamos que, depois de se formar, esse rapaz tenha dado para beber e costume ficar até tarde na rua e só volte para casa de madrugada: vermelho feito um pimentão. Pode ser que a moça o tenha escolhido porque ele pertencia à elite acadêmica, mas se o rapaz bebe até ficar vermelho, se nunca está sóbrio e já começa a encher a cara logo de manhã, não é difícil que ela fique bem decepcionada. Às vezes as pessoas mudam muito depois de casadas.

Talvez a moça tenha se casado porque o julgava inteligente; desgraçadamente, acontece que inteligência e bagagem acadêmica são coisas muito diferentes. Aliás, as pessoas intelectualmente desenvolvidas nem sempre vão bem na escola. Mesmo que haja correlação entre inteligência e desempenho escolar, ela não é absoluta. Eu diria que está entre 60 e 70 por cento.

Toda essa variação se deve às inclinações individuais. Por exemplo, quem tem tendência a ser intelectual será mesmo sem ter concluído o segundo grau. À medida que vai envelhecendo, ao chegar aos trinta ou quarenta anos de idade, transforma-se num intelectual autêntico, ao passo que aquele que foi obrigado a estudar desde menino pode acabar detestando os estudos. Ainda que a pessoa que foi forçada a estudar na infância seja, de fato, um indivíduo muito inteligente, nada o impede de terminar como o exemplo acima citado do sujeito que toda noite chega em casa completamente bêbado e deixa a carreira ir por água abaixo. Mesmo que tenha sido um gênio aos vinte e dois ou vinte e três anos, aos quarenta será uma pessoa totalmente diferente.

São muitos os fatores nos quais fundamentar a decisão de casar, mas se não puder levar em conta mais do que um, pense no quanto você entende a outra pessoa. Veja se consegue compreender profundamente o seu parceiro, se entende a sua visão da vida. Se se sentir capaz de enxergar as profundezas do caráter dele, eu diria que você conta com boas possibilidades de ter uma vida conjugal feliz.

Verifique até que ponto o seu possível parceiro é capaz de compreender o seu modo de conceber o trabalho e a vida. O que ele tem é apenas uma apreciação superficial ou uma visão profunda do seu modo de pensar? Se estiver plenamente seguro de que o outro é capaz de compreendê-lo, e que esse entendimento é mútuo, aí, sim, vale a pena seguir adiante e unir-se a essa pessoa.

Nesta seção, eu descrevi duas maneiras de encontrar o cônjuge ideal. A primeira consiste em não sair à procura da pessoa que você julga ideal, e sim tratar de se transformar a si próprio no ideal do outro. Na segunda, procurei ressaltar a importância do entendimento, a importância de verificar se você é capaz de compreender o seu futuro cônjuge e se ele pode compreendê-lo.

3) *Você precisa se empenhar em ser o par perfeito*

Agora eu quero abordar a questão de como manter o relacionamento depois do casamento. Embora um casal seja feliz no período imediatamente posterior ao casamento, muitas relações começam a esfriar, coisa que leva à separação.

Os mais propensos a enfrentar esse tipo de problema são aqueles que acreditam que homem e mulher são como chave e fechadura, têm de se encaixar perfeitamente. Eles acreditam que, se se casarem com um determinado tipo de pessoa, serão felizes, do contrário a união será um pesadelo. Gente assim, que vê os outros como uma espécie de objeto, está fadada a fracassar no matrimônio. Pode acreditar que será feliz se se casar com A e infeliz se se casar com B. Mas, se desde o início atribui o desfecho negativo ao fato de ter se casado com B, não admira que essa união não dure muito.

A parceria perfeita entre duas pessoas precisa ser trabalhada; não é uma coisa que simplesmente acontece e faz com que o casal seja feliz para sempre. Quando um homem e uma mulher sentem que se dão razoavelmente bem, esse é o ponto a partir do qual devem trabalhar o relacionamento para que a união seja perfeita. Isso significa que, antes de dizer que você e seu parceiro não combinam, é preciso indagar se não há nada que se possa fazer, algo que talvez ainda não lhe tenha ocorrido, um esforço que ainda não se envidou.

Tanto o homem quanto a mulher precisam se esforçar muito para compreender o parceiro. Por favor, procure proceder assim. Aliás, são raras as pessoas com quem a gente não consegue se entender de modo algum. Uma vez que tenha chegado a um determinado estágio, é simplesmente uma questão de esforço. O seu casamento pode passar por muitas crises, mas, quando estas põem em risco o relacionamento, é preciso ser inventivo e engenhoso e encontrar um caminho para superá-las. Tal disposição a fazer um esforço de superação é algo que eu espero que você nunca venha a perder.

5. Encontros que alteram o destino

1) Busque encontrar uma pessoa "nobre"
O quarto tema que eu gostaria de tratar é o dos encontros decisivos. Os meus leitores são de todas as idades, mas, se você tiver cerca de vinte anos, é bem provável que só tenha conhecido uma ou duas pessoas que modificaram a sua vida; inclusive pode ser que ainda não tenha conhecido nenhuma. Mas à medida que for envelhecendo, e chegar aos trinta, quarenta, cinqüenta anos, vai encontrar gente com o poder de alterar a sua vida.

Se fizer um apanhado geral da sua vida, vai ver que já passou por importantes momentos de guinada; em cada um deles, houve alguém que influenciou em seu destino. Sempre que analisar esses momentos, você encontrará quem, de um modo ou de outro, exerceu essa influência. Sempre que nos deparamos com uma encruzilhada na nossa vida e nós temos que decidir se viramos à esquerda, à direita ou seguimos em frente, surge uma pessoa disposta a nos ajudar. Na maior parte das vezes, o nosso destino muda de acordo com a maneira como nós administramos esse encontro.

Obviamente, todos esperam que esse alguém ajude a alterar o destino para melhor, mas às vezes o que ocorre é exatamente o contrário. Muita gente, quando se dá conta, vê que o momento crucial resultou em uma mudança para pior. Alguém que a tapeou ou que a envolveu num negócio que a levou à falência. Talvez o conselho de um professor tenha se revelado um desastre. Enfim, esse tipo de encontro pode ocorrer, ninguém está livre disso, mas o que eu quero destacar aqui são os encontros positivos. Para ser bem-sucedido na vida, é importante dignificar as pessoas que lhe proporcionaram felicidade e boa fortuna.

A China desenvolveu o conceito de pessoa "nobre", lá é comum as pessoas se cumprimentarem dizendo: "Você tem encontrado gente nobre ultimamente?" Em geral, esse "nobre" quer dizer íntegro, com *status* social superior ao seu, mais bem educado ou mais rico que você, ou pelo menos em condições de ajudá-lo a ascender socialmente. Sempre que investigamos as circunstâncias da vida das pessoas bem situadas ou prósperas, constatamos que elas souberam aproveitar esses encontros. Um encontro com uma pessoa "nobre" tem um grande significado.

A Ciência da Felicidade enfatiza muito a importância do esforço pessoal e da autodisciplina, mas ambos funcionam como uma escada que só podemos subir aos poucos, degrau por degrau. Já o aparecimento de uma pessoa "nobre" se compara com um elevador. A gente entra na cabine, sobe vários andares quase instantaneamente e, quando dá por si, está em um mundo totalmente diferente daquele em que estava. E isso pode ocorrer inúmeras vezes na vida.

Em outras palavras, todo mundo encontra gente que traz boa sorte. Eu tenho certeza de que você já encontrou quem tenha mudado completamente a sua vida. Em todos os momentos cruciais, há sempre alguém para nos dar um conselho, nem sempre muito refletido ou grave, mas que, posteriormente, funciona como uma orientação importante em nossa vida. Pode ser que a pessoa em questão nem chegue a registrar o fato, mas isso acontece.

Portanto, sempre chega o momento em que alguém lhe oferece a chave da prosperidade, e quando isso acontecer, é importante que você acate os seus conselhos ou opiniões e siga no rumo certo. É impossível prever quando essa pessoa há de aparecer, pois o momento propício para esse encontro varia muito de indivíduo para indivíduo, mas é preciso estar sempre preparado e aproveitar ao máximo o encontro com aqueles que podem guiá-lo. Se você anseia por esse tipo de encontro, tenha certeza de que essa pessoa aparecerá.

E quando esse encontro se der, a sua vida começará a irradiar muita luz; seja você quem for, pode ter certeza de que a vida sempre nos oferece momentos de total deslumbramento. Quem diz que nunca viveu um momento assim, ou é mal-agradecido ou desmemoriado. Eles se apresentam das mais diversas maneiras, por isso pense bem nisso, acreditando que tais momentos são a chave do grande passo adiante.

Quanto mais você se preparar para esse encontro, maior é a probabilidade de ele ocorrer. Por isso, todos os anos, encha-se de boa vontade e confie que alguém lhe dará um conselho que o orientará rumo a um futuro melhor e esplendoroso, porque se você fizer isso, essa pessoa aparecerá. Se reiterar essa predisposição todos os meses, a probabilidade de encontro passa a ser mensal. A chance de tais encontros ocorrerem depende da intensidade com que você os antecipa.

Isso ocorre porque, ansiando constantemente por esse tipo de encontro, você incentiva o seu espírito guardião ou outro espírito guia a fazer com que essa pessoa apareça. Ele começa a achar que você precisa ser recompensado por manter uma atitude tão louvável e põe no seu caminho aquele que o ajudará a dar um passo rumo à fortuna. O encontro com essa pessoa em um momento de guinada pode ocorrer diretamente com você ou por influência do seu espírito guardião, sem que você nem se dê conta. De um modo ou de outro, algo acontecerá.

As pessoas estão sempre nos observando. Elas nos vêem em diferentes ocasiões, e pode ser que uma delas esteja disposta a nos auxiliar. O primeiro pré-requisito para encontrar essa pessoa é desejar sinceramente esse encontro.

2) *Ouça com humildade aquilo que lhe disserem*
O segundo pré-requisito para que ocorram encontros decisivos é a humildade. É importante admitir que neste mundo há muita gente mais sábia do que você, e ao encontrar uma delas, convém ouvi-la com humildade. Se não souber ouvir, você perderá a oportunidade. Esteja sempre em busca de palavras que o façam mudar e esperar encontros com pessoas que façam comentários decisivos.

A seguir, procure não deixar escapar nada do que lhe disserem, assim você não desperdiça um encontro tão valioso. Quando sentir que "Essa é a deusa da felicidade, a deusa da boa sorte", não a deixe passar ao largo, procure aproveitar ao máximo a oportunidade oferecida. Esses encontros marcantes são os fatos mais importantes da vida. São momentos deveras fulgurantes, por isso eu lhe peço que você encare o assunto com seriedade. É uma ocasião em que você se encontra numa encruzilhada do destino, e todo tipo de gente lhe oferecerá auxílio para mudar de vida. Caso você ache que tudo que conquistou na vida foi graças exclusivamente ao seu esforço pessoal, saiba que está redondamente enganado. É impossível realizar o que quer que seja sozinho, por isso eu quero que você tenha humildade e não deixe de dar ouvidos a tudo o que as pessoas tiverem a lhe dizer.

Talvez você esperasse que, nesta parte intitulada "Vida e vitória", eu dissesse que o sucesso resulta do esforço pessoal, mas o que afirmo é que a verdadeira vitória está naquela mão auxiliadora que nos estendem. Muitos nos oferecem oportunidade. Se muita gente se interessar pelo seu futuro, dificilmente você será mal-sucedido. Se, pelo contrário, forem muitos os interessados em impedir o seu sucesso, difícil será seguir adiante, e isso exigirá um esforço imenso da sua parte. Quando outros estão inclinados a ajudar, o sucesso vem naturalmente. E você tem de agradecer.

Em suma, as pessoas não prosperam graças apenas ao esforço pessoal. É importante ter sempre em mente que é com a ajuda dos outros que a gente atinge os objetivos.

3) Seja grato de coração

Eu estaria mentindo se dissesse que não me custou muito sacrifício chegar aqui onde me encontro hoje, mas essa minha facilidade para falar no caminho trilhado vem do fato de eu ter tido o apoio de um grande número de pessoas tanto aqui da Terra como também do céu.

É possível dizer que foi "sorte", mas uma pessoa como eu, que já sabe de antemão da existência do Mundo Real, não consegue usar a palavra "sorte". Sei que é resultado da cooperação daqueles que residem no outro mundo, e, graças a sua obra real, eu fui abençoado com tão admirável fortuna. Esse sentimento de gratidão é muito importante. Quando o destino lhe ofertar algo melhor, não esqueça de expressar gratidão.

Para ser abençoado com um futuro promissor, é importante não esquecer três coisas. Antes de mais nada, nunca deixe de ansiar e prever uma guinada para melhor. Em segundo lugar, seja humilde e ouça os conselhos. Terceiro, seja sempre grato de coração. Se você seguir essas três orientações, eu tenho certeza de que os momentos de guinada na sua vida serão verdadeiramente radiantes.

6. Um legado espiritual

1) A virtude como legado espiritual

Como quinto e último tema, eu gostaria de falar no legado espiritual. Na primeira parte, eu discorri sobre como levar uma vida de prosperidade, na segunda falei em como criar essa prosperidade, na terceira, abordei a questão do cônjuge e do lar e, na quarta, tratei dos encontros que podem mudar o destino (os encontros decisivos). Dependendo da sua interpretação, é possível que você tenha tido a impressão de que se trata de um guia para ter sucesso material ou de uma exposição sobre como vencer nesse mundo.

Todavia, eu chamei esta parte de "Vida e vitória", e é impossível discutir a fundo o assunto sem levar em conta aquilo que está além do sucesso meramente mundano. É vital ir além do sucesso terreno. Você não pode dizer que venceu verdadeiramente na vida se não tiver aquilo que ultrapassa o sucesso terreno.

O que é que transcende o sucesso mundano? Eu sempre falo "numa felicidade que passa deste mundo para o outro", numa felicidade que a gente pode levar conosco ao morrer. Que forma tem essa felicidade? Uma forma muito espiritual, que pode ser descrita como um tesouro do coração e que não é deste mundo.

Em outras palavras, para aqueles que já travaram contato e compreenderam as Leis da Verdade, vencer na vida significa mais do que ter sucesso mundano. Não é exagero dizer que, sem ter alcançado algo maior, um legado espiritual, ninguém pode afirmar que venceu na vida. Eu apresentei essa idéia em diversos livros que você talvez já tenha lido. Mas gostaria de abordá-la mais uma vez.

"Um legado espiritual" é um termo aparentemente muito abstrato, mas se tivesse de lhe dar outro nome, eu o chamaria de virtude. O talento é algo que nasce com a gente; as sementes estão aí dentro desde que você chega a este mundo. Mesmo que não sejam cultivadas, elas continuam potencialmente presentes, e cabe a você desenvolvê-las. Mas a virtude não é um bem inato. É algo que se adquire no curso da existência neste mundo tridimensional, algo que se granjeia. Obviamente, isso não quer dizer que os espíritos elevados do Mundo Real, por exemplo, os Anjos de Luz da sétima dimensão, não possuam virtude, porém mesmo eles não a trazem de forma inata quando vêm para este mundo. São dotados de talento, sem dúvida. A gente também nasce com talento, mas não com virtude.

2) Duas maneiras de se tornar virtuoso
Então vejamos, como conquistar a virtude? Ela se desenvolve pouco a pouco, num período de várias décadas, mas você tem idéia de como ela nasce?

Há dois tipos de circunstâncias que nos permitem conquistar a virtude. A primeira é um misto de desânimo, fracasso e adversidade; a outra é via sucesso. São as duas situações em que se pode alcançar facilmente a virtude. Naturalmente pode-se alcançar a virtude em menor escala em outras épocas da vida, mas a grande virtude, a que fica como memento de uma existência, esta só nasce através dessas duas experiências.

Vejamos por que a virtude às vezes nasce quando a pessoa está desencorajada, desiludida ou às voltas com uma adversidade. É absolutamente normal a gente se queixar da má sorte ou dos infortúnios, mas, como você deve saber, há aqueles que não ficam apenas resmungando e lamentando a desventura. A maioria das pessoas, quando comete um erro, culpa a sorte ou as circunstâncias do momento. Alguns acusam os outros ou até mesmo os seus espíritos guardiões de os terem deixado na mão; o fato é que a grande maioria não resiste às pressões provocadas pela infelicidade e a desilusão.

Outros, porém, tendo já alcançado um estado de consciência um pouco mais evoluído, não se deixam arrasar e procuram suportar a desgraça com uma disposição bem acima da média. Depois vêm aqueles que, a despeito da adversidade, se esforçam para viver com otimismo e alegria. Pode-se dizer que são os que se acham nos degraus de acesso ao mais alto grau de consciência.

No entanto, verdadeiramente dignos de admiração são aqueles que usam o pensamento vencedor para vencer a adversidade. Em face do infortúnio, tratam de nele detectar uma intenção divina e se perguntam o que aquela situação pretende lhes ensinar. Têm certeza de que aprendem com o revés. Conseguem ler a intenção divina em sua própria situação e procuram saber o que está lhes faltando, o que a infelicidade está tentando lhes ensinar, e fazem disso a base sobre a qual construir o seu caráter ou o princípio que lhes norteia as ações. Aqueles que vivem isso desenvolvem a virtude. Possuem uma força extraordinária que irradia luz.

Saber suportar as dificuldades e o desânimo é um feito notável por si só, mas as pessoas realmente extraordinárias conseguem perceber a intenção divina nos acontecimentos, neles procuram as sementes que as farão progredir e então as cultivam. Ser capaz disso é verdadeiramente extraordinário, e é assim que se conquista a virtude.

A segunda circunstância da qual nasce a virtude envolve o sucesso. As pessoas cujos nomes ficaram marcados na história foram bem-sucedidas na vida. Pouco importa quantas vezes fracassaram; no final, alcançaram o sucesso. Veja o exemplo de Abraham Lincoln. Ele perdeu as eleições, viu naufragar o seu relacionamento pessoal, enfrentou uma série de agruras, inclusive a morte da noiva, mas, no fim, foi presidente dos Estados Unidos e deixou seu nome ligado a grandes realizações. Se não tivesse sido presidente, ele não seria lembrado como a importante figura histórica que é hoje. No cômputo geral, foi bem-sucedido.

Mesmo que você viva uma sucessão de reveses, em certo momento terá oportunidade de florescer. E quando o sucesso chegar, é importante saber lidar com ele. Não atribua a si mesmo a glória de ter sucesso. Diga para si mesmo que o êxito não se deu graças ao seu esforço pessoal, mas à vontade divina. Mesmo que você tenha regado e fertilizado a terra no período de germinação, não o fez por si só. A flor do sucesso já estava no interior da semente que lhe foi ofertada e desabrochou por conta própria. Você apenas auxiliou o processo, regando-a e fornecendo nutrientes à terra. É assim que lhe convém encarar a coisa.

Não queira conceder o crédito a si próprio, pondere que, por mais que você tenha contribuído, tudo resultou da vontade divina. É essa atitude de não fazer do sucesso uma conquista pessoal que dá origem à grande virtude. Se você auferir todo o crédito e achar que o sucesso ocorreu exclusivamente graças ao seu esforço e talento, nunca desenvolverá a virtude; apenas viverá a experiência do sucesso graças à sua própria capacidade.

O que acontece se, em vez de tentar ficar com os louros do sucesso, você disser que ele foi conquistado graças ao esforço de muita gente? E se acreditar que esse sucesso ocorreu por vontade divina, por intervenção do seu espírito guardião ou espírito guia? Como agirá se estiver convencido de que o sucesso se deve aos desígnios de Deus? Você certamente tentará fazer com que esse sucesso beneficie o maior número de pessoas, e é assim que nasce a virtude.

Cada um de nós tem um estilo de vida diferente, mas a virtude sempre nasce de uma dessas duas maneiras. Ela precisa ser conquistada, por isso eu lhe peço que lute para granjear a sua cota, mesmo que seja pequena, para levá-la como herança espiritual quando retornar ao outro mundo. Só assim você poderá dizer que venceu na vida. E eu torço para que você vivencie isso ainda nesta existência.

QUARTA PARTE

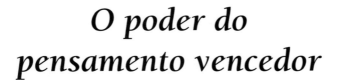

O poder do pensamento vencedor

4. O poder do pensamento vencedor

1. Uma teoria que liga a auto-reflexão ao desenvolvimento

A Ciência da Felicidade estabelece quatro caminhos como princípios da felicidade — o amor, o conhecimento, a auto-reflexão e o desenvolvimento. O tema deste livro, "o pensamento vencedor", é uma filosofia que vincula a auto-reflexão ao desenvolvimento. Geralmente, ao praticar o pensamento positivo, as pessoas tendem a acreditar que basta agir de maneira positiva e construtiva. Todavia, é preciso ter em vista uma maneira de conciliar essa postura com a auto-reflexão, um dos ensinamentos fundamentais da Ciência da Felicidade.

Se ora pedirmos às pessoas que reflitam sobre os seus pensamentos e atos, ora lhes solicitarmos que avancem usando o pensamento positivo, algumas acabarão hesitando entre as duas coisas, sem saber em qual delas se concentrar. Até agora, eu deixei que cada um decidisse que método adotar, e é possível que isso tenha provocado certa confusão. Por esse motivo, achei melhor formular o conceito de pensamento vencedor como um meio de unir as duas idéias e tornar a teoria mais clara. Eu o aconselho a recorrer ao pensamento vencedor sempre que você não souber como solucionar um problema, porque ele é uma filosofia eficaz que abrange a auto-reflexão e o desenvolvimento.

Ao praticar o pensamento positivo, muitos tendem a não olhar para o lado sombrio da vida, a desprezar os aspectos obscuros das coisas ou a encarar tudo de modo construtivo. Posto que essa filosofia seja altamente poderosa, quem se fixar unicamente numa direção não criará oportunidade para a auto-reflexão. Por mais positivos e avançados que sejamos, há momentos em que as coisas deixam de correr bem. Eu tenho certeza de que você já enfrentou situações de insucesso. Nessas ocasiões, será que vale mesmo a pena não fazer caso delas e simplesmente seguir adiante?

É provável que você já tenha dito a si mesmo que, no final, tudo acaba dando certo desde que você insista em seguir em frente, desde que mantenha a atitude positiva. Mesmo depois de tropeçar ou cometer erros, é provável que tenha dito: "Eu não ligo para isso, simplesmente permaneço na luz. Afinal de contas, a natureza da pessoa é essencialmente de luz." Quem pratica o pensamento positivo tende a pensar assim, mas será que a vida é só isso? Será que os nossos sentimentos são tão simples?

Tendo estudado o coração e a mente dos seres humanos, eu fui obrigado a me perguntar se isso era realmente suficiente. Acaso basta avançar numa direção única, persistindo na mesma linha de pensamento? Não, claro que não. O coração e a mente estão povoados de sentimentos e pensamentos profundos, de modo que se faz necessário uma filosofia profunda que os contemple.

2. O poder do pensamento vencedor no mundo fenomênico

O pensamento vencedor é uma filosofia pessoal exclusiva de cada indivíduo. Mesmo assim, eu estou convencido de que devo dar um esclarecimento sobre a direção e a abordagem a serem escolhidas, de modo que é a partir dessa perspectiva que vou discutir o pensamento vencedor.

Essa filosofia parte do princípio de que ninguém vive sem cometer erros. Ninguém passa pela vida sem enfrentar problemas. O fato é que a gente vira à esquerda, vira à direita, erra, cai, torna a se levantar, mas está sempre em busca de uma existência melhor e mais feliz. Em face de tal realidade, o que é preciso para ter sucesso na vida? É disso que vamos tratar agora.

O pensamento vencedor é a filosofia que lhe oferece o maior poder existente no mundo tridimensional que você habita, neste mundo em que você respira e come. É claro que há princípios que transcendem o mundo tridimensional; por exemplo, uma das leis da auto-realização é a Lei da Vontade.

No Mundo Real, cada qual pode manifestar quase 100% do seu poder inato, mas isso nem sempre ocorre no mundo tridimensional. A capacidade de manifestá-lo varia de indivíduo para indivíduo. O monismo da Luz, que assevera que "só a luz existe essencialmente", torna-se mais efetivo nas dimensões superiores, mas isso não se aplica necessariamente ao mundo tridimensional. O pensamento vencedor explica as leis espirituais que não são plenamente compreendidas, sobretudo do ponto de vista do mundo fenomênico.

3. Transformar as dificuldades em força da alma

Em primeiro lugar, eu gostaria de dizer que o pensamento vencedor se apóia na idéia de que todas as dificuldades da vida podem se transformar em alimento da alma. Você, decerto, enfrentará diversos reveses, fracassos e dificuldades na vida, mas, do ponto de vista do propósito da sua presença neste mundo, será que vale a pena simplesmente tratar de evitar tais contratempos? Pense nisso. Será que a gente nasce só para se esquivar das dificuldades e sofrimentos que aparecerem no caminho? Procure uma resposta para essa pergunta.

Se você refletir sobre o significado da vida, verá que não é bem assim. A intervalos de cem ou mil anos, a gente nasce aqui na Terra para trabalhar com os mais diferentes tipos de pessoas e em circunstâncias novas a fim de aprimorar a alma. A vida neste mundo não consiste apenas em experiências positivas, mas todos nós sabíamos disso antes de nascer.

Ninguém está aqui simplesmente para que a vida corra às mil maravilhas. O propósito de cada um, na Terra, é o de aumentar de estatura espiritual e irradiar uma luz genuína, acumulando as mais diversas experiências mediante a repetição do processo de tentativa e erro. Quem encarar assim o sentido da existência verá que tudo quanto era considerado dificuldade e padecimento passa a ter um significado novo. Essa percepção é a base do pensamento vencedor.

Se você apoiar o seu pensamento no fato de que os seres humanos têm vida eterna e voltam inúmeras vezes à Terra mediante o processo de reencarnação, passará a olhar todos os fatos e experiências do mundo fenomênico de um ponto de vista diferente e verá que tais experiências se destinam a prover o seu eu interior de um alento inestimável. Eis o fundamento do pensamento vencedor.

O principal desafio da vida está em fazer um esforço supremo, valendo-se de todo conhecimento, de todo talento e de todas as idéias que a gente possui para enfrentar os problemas e transformá-los em força da alma. Portanto, não se contente em simplesmente fugir dos problemas ou negá-los. Isso está expresso na doutrina da Ciência da Felicidade, que diz: "A vida é como um caderno de exercícios, e todos temos de nos esforçar para resolver problema por problema."

Você tem o seu caderno de exercícios com problemas a serem resolvidos, e deve resolvê-los sozinho. Isso, eu queria que todos compreendessem, é um pré-requisito para assimilar o pensamento vencedor. Cada qual deve solucionar seus problemas sozinho e, quando os tiver solucionado ou mesmo ainda estando às voltas com eles, pensar em orientar os demais. Não se dar por satisfeito somente por ter ajudado os outros, trabalhar para estabelecer um empreendimento mais ambicioso e positivo: esse é o arcabouço do pensamento vencedor.

4. Ser senhor do seu próprio tempo

Falemos agora no tipo de idéia realmente importante quando se trata de fazer do pensamento vencedor uma força real. Basicamente, é o que se pode sintetizar como espírito perseverante.

Desde a fundação da Ciência da Felicidade, eu entrei em contato com muita gente e fiquei conhecendo as mais diversas formas de pensamento. Há quem pareça viver na luz e há quem dê impressão de estar nas trevas; uns se mostram exultantes; outros, profundamente deprimidos. Todos estão enredados numa enorme variedade de pequenos dramas pessoais. Mas ao entrar em contato com as atividades da Ciência da Felicidade, muitos conseguem mudar de vida.

No decorrer da existência, as pessoas passam por diversas fases: luz e trevas, felicidade e depressão, etapas em que tudo flui e períodos de estagnação. Se as observarmos em tais circunstâncias e as classificarmos pelo modo como reagem, é possível separá-las em dois grandes grupos: de um lado, o das que se dão perfeitamente bem quando as coisas estão nos eixos, quando os ventos são favoráveis e tudo parece beneficiá-las; mas basta o vento mudar de direção para que se sintam totalmente tolhidas. Ainda que naveguem com muita facilidade quando o vento lhes infla as velas, assim que a situação se altera, acham que já não podem prosseguir; e algumas chegam a soçobrar. É muito grande o número de pessoas assim.

O segundo tipo é constituído pelos que têm espírito perseverante. Desde o começo, eles demonstram pureza, determinação e uma tenacidade inabalável. A força de vontade pode ser poderosíssima em certas ocasiões, mas quem testa a sua autenticidade é a passagem do tempo.

O pensamento vencedor é uma filosofia que lhe permite ser o senhor do seu tempo e mantê-lo sob controle. Para verificar se você assimilou essa filosofia, retroceda no tempo e veja-se a si mesmo seis meses atrás, por exemplo, ou há um, dois ou três anos. Analise o que você realizou nesse período: progrediu ou regrediu, extraviou-se ou persistiu no caminho certo? Sempre é necessário aferir a rota. Se, ao examinar a sua trajetória, constatar que avançou num caminho único e constante, significa que, mesmo tendo sofrido pequenas perdas circunstanciais, no conjunto você continua vencendo a grande partida.

O pensamento vencedor é comparável ao desenvolvimento de uma árvore. Enquanto cresce, ela enfrenta numerosos desafios e dificuldades. As ventanias lhe podem desfolhar os ramos. Ela arrisca perecer, ficar sem nutrientes ou com as raízes expostas. Mas, aconteça o que acontecer, não cessa de lutar para seguir crescendo. O pensamento vencedor se baseia nesse tipo de esforço.

5. A energia do bambu que cria os nós

Para recorrer a outra metáfora, eu o convido a pensar no bambu. Talvez você já tenha admirado o desenvolvimento dessa planta e, ao observar os nós cada vez menores que vão subindo até a extremidade do colmo, é provável que tenha pensado que eles não passavam de uma espécie de enfeite ou padrão. Mas, quando eu olho para essa planta, não consigo deixar de me perguntar por que ela se esforça tanto para criar esses nós.

Os nós da haste do bambu ocorrem a intervalos de vinte a trinta centímetros e são extremamente fortes. Maiores e mais resistentes na base da planta, vão diminuindo à medida que sobem rumo à extremidade, tornando-se mais frágeis e flexíveis, vergando-se ao sabor do vento. Mas, com o tempo, as partes finas e fracas tornam-se mais fortes, transformam-se em nós maiores, e o colmo fica ainda mais alto. Se olhar para o bambu, você verá que ele cresce constantemente, segmento por segmento. Isso me parece deveras impressionante. O bambu pode chegar a dez ou a quinze metros de altura, mas o que o caracteriza e faz dele uma planta tão singular são os nós.

O bambu resiste ao vento. Por mais fortes que sejam as ventanias, suas varas não se quebram facilmente. Ele não é uma planta forte, mas, graças à sua flexibilidade, tampouco se pode dizer que seja fraca. Sopre o vento, caia a chuva, ele continua crescendo. A marca desse crescimento em seus colmos parece dizer: "Foi este o tanto que eu cresci." Pois bem, eu às vezes me ponho a imaginar como o bambu se sente ao criar esses nós. Cada vez que acrescenta um novo, deve pensar, "Eu consegui aumentar um pouco mais a minha altura", e, com toda certeza, isso lhe dá um delicioso sentimento de realização.

Em muitos aspectos, o modo como cada um constrói a própria vida é comparável a essa planta. Você é como o bambu que permanece fino. O diâmetro da haste mais grossa não passa dos vinte ou vinte e cinco centímetros; mais do que isso ele não cresce. O bambu germina na superfície da terra em forma de broto e vai crescendo sem cessar. Não perde a flexibilidade nem a força iniciais. Flexibilidade e força coexistem em harmonia, e é justamente disso que ele precisa para crescer.

Em outras palavras, o que eu denomino "pensamento vencedor" é uma filosofia que permite crescer tanto nos bons como nos maus momentos da vida; nisto ela se parece com o desenvolvimento do bambu. Basicamente, ele é flexível — flexível mas forte. Não lhe basta ser capaz de se curvar só numa direção ou não se curvar. O ébano não balança nem se verga como o bambu, por isso quebra-se com facilidade. Os colmos do bambu não se rompem facilmente, os galhos do ébano sim. Como se sabe, os salgueiros também não se partem. Muitas vezes, as coisas aparentemente robustas acabam se mostrando extremamente frágeis. A verdadeira solidez está na maleabilidade, é ela que dificulta a fratura. E não é outra coisa que se deve almejar, pois o mundo tridimensional em que vivemos não se parece em nada com uma estufa; é um lugar em que chove, venta, um lugar sujeito a trovoadas, nevascas e longos períodos de seca.

Eu usei o bambu como metáfora, mas pensando bem, tanto a sua vida quanto o seu destino parecem avançar em ciclos. É impossível precisar a duração de cada ciclo, pode durar muitos anos ou se encerrar em meses, mas uma coisa é certa — há ocasiões em que tudo corre bem e outras em que nada é fácil. Eu acredito que é nos tempos de adversidade que nasce o verdadeiramente maravilhoso. Nas encruzilhadas da vida, é natural que as pessoas não se sintam em harmonia com o meio nem com os que estão à sua volta e sofram por isso. Mas, se você me perguntasse se seria melhor não ter de enfrentar esses momentos ruins, eu responderia que não, porque as coisas maravilhosas começam justamente nas fases mais difíceis.

Encarando a vida dessa maneira, você vai ver que não há por que temer a adversidade. Em tempos de infortúnio, a alma recebe uma grande quantidade de suprimento e a gente aprende lições muito importantes. Eu diria que é como no momento em que o bambu cria um novo nó. Ele cresce vinte ou trinta centímetros sem cessar e chega ao ponto em que precisa criar o nó. Imagino que seja uma fase dolorosa para a planta. É provável que ela prefira continuar crescendo tranqüilamente, como vinha fazendo até então, sem ter de criar um nó. Talvez ache que seria maravilhoso esticar-se um ou dois metros ininterruptamente. No entanto, é obrigada a parar a cada vinte ou trinta centímetros para criar um nó. Tenho certeza de que lhe entra um sentimento de resistência e estagnação quando isso acontece; e o bambu se pergunta por que não pode crescer como ele quer, por que tem de sofrer essas interrupções.

Deve ser um momento desagradável, pois, ainda que ele deseje seguir crescendo, tem de se deter para produzir o nó. É possível que fique confuso, sentindo que topou com um obstáculo, mas a energia não tarda a brotar lá dentro, e então o nó é criado. Assim que este estiver formado, o colmo pode voltar a crescer normalmente, até chegar a hora de criar mais um. O processo de secionar a haste em nós pode ser muito doloroso para a planta, mas é graças a isso que, mesmo sem saber, o bambu continua crescendo permanentemente. São os nós que provêem a base do seu crescimento.

O que se pode concluir disso tudo é que o destino e a sorte são cíclicos. Há fases em que as coisas vão bem e fases em que nada dá certo, tempos de oportunidade e tempos de adversidade: estes são os períodos em que a gente cresce e produz nós. Os momentos de adversidade são os nós em sua vida, e, tendo criado um, você pode avançar até a etapa seguinte.

Eu lhe proponho examinar o seu passado e verificar quais foram os momentos em que você mais aprendeu na vida. Tenho certeza de que sofreu em certas ocasiões; pode ter se ofendido com o que lhe disseram, pode ter enfrentado contratempos nos negócios, pode ter ido à falência ou adoecido. Todavia, após um intervalo de cinco ou dez anos, ao relembrar tais experiências, percebe que foram esses os momentos que mais doces lembranças lhe deixaram. Portanto, quando a vida lhe parecer insuportável, pense que você está passando justamente pelo processo de criar um nó para, depois, continuar avançando rumo à etapa seguinte do caminho do crescimento.

6. Criando anéis anuais num meio rigoroso

Na seção anterior, eu usei o processo de crescimento do bambu como metáfora da vida, mas qualquer árvore serve de exemplo. Elas não têm nós como os bambus, e sim anéis anuais.

Quando morava no campo, eu construí um incinerador de lixo. Não passava de um recipiente de tijolo e pedra que evitava que o fogo se alastrasse. Perto dele havia uma árvore, e eu imaginei que o calor a mataria. Mas, contrariamente às minhas expectativas, isso não ocorreu; aliás, a árvore ficou até mais forte e, embora outras tenham morrido, ela continuou crescendo.

A vida deve ter sido muito dura com aquela árvore que teve de sobreviver junto a um incinerador, mas, nesse período, o crescimento ficou marcado pelos anéis anuais. Seu tronco tornou-se cada vez mais grosso, ostentando muita força vital. Curiosamente, eu vi árvores que, embora situadas em lugares mais favoráveis, acabaram rapidamente derrubadas pelos tufões. Estabelecendo um paralelo com a existência humana, pode-se dizer que as outras árvores correspondiam à chamada elite que trabalha para os grandes conglomerados. Oriundas de um meio abastado, essas pessoas passaram toda a vida sem saber o que é dificuldade, mas, se soprar uma ventania, ou seja, um revés na carreira profissional, são incapazes de resistir à pressão.

Por outro lado, aqueles que foram criados em situação difícil e contam com aquela força que só a dificuldade é capaz de forjar não se deixam abater com tanta facilidade. Fortes diante da adversidade, conseguem superar qualquer dificuldade e transpor todo tipo de obstáculo, gravando anéis anuais em seu caráter para aumentar de estatura.

A leitura da biografia dos grandes homens mostra que muitos deles viveram em tempos difíceis. Isso ilustra o fato de que, sem ter enfrentado situações adversas, eles não teriam podido marcar a alma com os anéis anuais. Portanto, é vital enfrentar situações difíceis no decurso da vida. Eu tenho condições de me dirigir às pessoas, dando-lhes conselhos, porque também passei por períodos difíceis. O que aprendi nessas ocasiões transformou-se em força.

Quando o corpo e a alma são açoitados pelo vendaval do infortúnio, pelo calor e pela neve das tribulações, a al-

— 133 —

ma desenvolve a capacidade de resistir a qualquer desventura, é como se estivesse imunizada. Conseqüentemente, nós aprendemos a superar os problemas da vida. Uma vez adquirida essa capacidade, você é capaz de confrontar o conhecimento novo e as experiências alheias com as suas e conceber novas idéias. No fim, cada experiência acumulada torna-se uma lição que se converte em poderosa energia da alma.

7. Pensar como um maratonista

Até aqui, esta parte do livro se ocupou do espírito perseverante; agora eu gostaria de abordar um tema correlato, o pensamento de curto e de longo prazos. Há duas maneiras de considerar uma situação, a curto e a longo prazos.

Não convém pensar as coisas somente a longo prazo e negar a importância do presente. De nada serve dizer: "Já estoquei mantimentos para o inverno, agora posso fazer o que bem entender." Mesmo sendo verão, sempre há muito que fazer. Não passe o dia na ociosidade, achando que, como guardou lenha e carvão para o inverno, não precisa se preocupar com mais nada. Em qualquer estação do ano, é preciso fazer todo o necessário.

Não obstante, se estiver prestes a capitular, se achar que nada pode ficar pior do que está ou que já não tem condições de suportar outro revés, outra privação, eu lhe peço que leve em conta que essas fases da vida costumam ser breves. Fixando-se apenas no curto prazo de um ou dois anos, você se sujeita a ficar deprimido porque as coisas não estão transcorrendo como deviam, mas é justamente nessas ocasiões que a gente precisa alterar totalmente o modo de pensar.

A falta de êxito a curto prazo pode significar que você, potencialmente, não é um corredor de muita explosão muscular. Talvez não consiga vencer a prova dos cem metros, mas isso não quer dizer que seja inepto para a prática do atletismo. Há disputas com percurso de algumas dezenas de metros e maratonas de mais de quarenta quilômetros. Se não se sair bem nas provas de curta distância, veja se você não tem talento para a corrida de longa distância. Às vezes, é preciso mudar de perspectiva.

Eu mesmo nunca fui um bom corredor mas, certa vez, no colégio, participei de uma maratona e consegui uma ótima classificação. Essa experiência da corrida de longa distância ensinou-me a importância de a gente saber se regular em tudo. Quando a corrida começou, aproximei-me de um grupo que me pareceu do mesmo nível que eu e tratei de acompanhá-lo para entrar no ritmo. Mas, passado algum tempo, com o corpo já aquecido, percebi que estava indo muito bem e conseguia render mais do que eu esperava. Lá pela metade do percurso, resolvi apertar o passo, e foi como se as minhas pernas tivessem ficado mais compridas. Consegui aumentar a velocidade e descobri que estava ultrapassando gente que sempre me vencia nas corridas de curta distância.

Os corredores de curta distância — geralmente atletas corpulentos —, quando se impõem um ritmo muito forçado nas provas de longa distância, dificilmente conseguem chegar ao fim. Correm muito no início, porém, no meio do percurso, já estão ofegantes e acabam sendo obrigados a parar para descansar. Eu vi a surpresa estampada no rosto dos meus adversários quando os ultrapassei e, apesar do esforço para recuperar a dianteira, eles não conseguiram: foram ficando para trás. Nem eu podia acreditar no que estava acontecendo, foi uma experiência extraordinária.

Eu falei na importância de saber regular o próprio ritmo. Quem quiser ter boa classificação numa maratona precisa avaliar objetivamente a sua força e saber determinar o momento certo para empreender o esforço extra. Nunca falta espaço para o aprimoramento.

8. O efeito cumulativo

Imagino que, para alguns membros da Ciência da Felicidade, estudar a Verdade é uma grande dor de cabeça. Há quem fique preocupado por não ter tempo para ler os livros da Verdade e há os que não conseguem acompanhar os seminários.

Para quem vê a vida somente em termos de curto prazo, é bem verdade que as pessoas têm diferentes níveis de capacidade. Por exemplo, se pedirmos a um grupo que passe um ano estudando certa matéria, é natural que alguns membros consigam assimilá-la muito mais depressa do que os outros. Contudo, o objetivo não é atingir um alto grau de consciência em apenas um ano nem deixar este mundo em tão curto espaço de tempo. O desafio está em adquirir o máximo de suprimento para a alma ao longo da vida, em aperfeiçoar o caráter tanto quanto possível antes de retornar ao Mundo Real.

Se você se precipitar e tentar realizar alguma coisa a curto prazo, é bem provável que não tenha sucesso. No entanto, se pensar a longo prazo, verá que há muitos modos de interpretar as coisas. Não tem sentido dividir o tempo em segmentos de um ano para medir as realizações ou a capacidade da pessoa. Pode ser que nem mesmo um período de três ou quatro anos seja suficiente. É preciso dilatar o prazo. Se alguns se cansam de um tema em um ou dois anos e desistem dele, você precisa se convencer de que deve continuar estudando. É assim que se muda a maneira de pensar.

Procedendo desse modo, você estará pensando como um maratonista e, pouco a pouco, colherá frutos positivos. Estranhamente, contrariando todas as expectativas, descobrirá que os resultados começam a ser visíveis muito rapidamente, quase como se você estivesse correndo uma prova de curta distância. E o que o torna capaz disso é o efeito cumulativo, ou seja, o resultado do acúmulo. Ainda que você não tenha nenhuma capacidade particular e se amaldiçoe por ser tão lerdo, se continuar a se esforçar, verá o efeito cumulativo entrando em ação. Tendo alcançado certo grau de disciplina e acumulado uma bagagem de conhecimento, vai ver que aquilo que tanto demorava no passado pode ser realizado muito mais depressa. Por estranho que pareça, é assim que funciona.

Se você puser fermento no arroz e deixar a mistura descansar, obterá o saquê. Do mesmo modo, se armazenar experiências, verá que depois de algum tempo elas se tornarão proveitosas. Isso ocorre quando menos se espera e tem o poder de impulsioná-lo, de levá-lo adiante. No entanto, devo salientar que essa fermentação leva alguns anos para ocorrer.

O mesmo efeito se verifica em diversas comidas e bebidas; às vezes são necessários anos e anos de envelhecimento para que se possa aferir seu verdadeiro valor. O vinho é um ótimo exemplo: sua qualidade varia conforme o número de anos de envelhecimento. O mesmo vale para o bonito desidratado. Para quem gosta do peixe tal como ele é, claro que mais vale comprá-lo fresco, mas este é totalmente diferente da versão seca. Primeiro o peixe é desidratado, depois fica guardado para embolorar. Esse bolor altera-lhe radicalmente o sabor. Há coisas que, depois de ficar um bom tempo armazenadas, um belo dia, transformam-se de repente em outras totalmente diferentes.

Vejamos mais um exemplo: há dois tipos de alunos que se saem bem nos exames. Um é o que lê o livro de ponta a ponta, do prefácio ao posfácio, sem deixar escapar uma palavra. O outro se limita a destacar os pontos importantes e trata de memorizá-los; sabendo as partes da matéria que têm probabilidade de cair na prova, ele dá às outras uma rápida passada de olhos. Esta técnica é eficaz a curto prazo, pois permite ao aluno assimilar os pontos principais em pouco tempo. Em compensação, aquele que repete o estudo numerosas vezes, procurando se aprofundar na matéria, leva muito mais tempo para ver o resultado do seu trabalho. Mas, depois de vários anos de silencioso esforço, obtém resultados notáveis, porque aprendeu a raciocinar mais profundamente.

Esse estudante, que se devota a um prolongado e discreto esforço para realizar uma ambição, nem sempre é muito inteligente. Se tiver de interromper precocemente os estudos e for verificar o que já conquistou, é possível que tenha a impressão de que é mais lento do que os outros e de que não dispõe de muito potencial para explorar. Se desistir no meio do caminho, não terá conquistado nada, de modo que não pode esmorecer. Se perseverar, embora ainda passe muito tempo submerso, um dia finalmente subirá à tona. O que o leva a persistir é a força de vontade; essa pessoa não pode esquecer que não vai ficar eternamente submersa e, quando enfim emergir, verá que avançou muito rumo ao seu objetivo.

Isso vale para a educação em geral. Por exemplo, há pais que avaliam o aproveitamento escolar a curto prazo dos filhos para saber se estão indo bem. No entanto, deviam saber de uma coisa. Se as crianças se concentrarem somente nos pontos principais da matéria e procurarem se adiantar, estudando o que o professor ainda não ensinou, quase sempre tirarão boas notas. Mas nada garante que esse tipo de aluno seja bem-sucedido na vida.

O estudante que se antecipa ao resto da classe não tarda a conseguir entender o que os professores dizem e é capaz de dar resposta a tudo que lhe perguntarem. À primeira vista, parece muito inteligente, mas, até certo ponto, é comparável à pessoa que só compra com o cartão de crédito. Não tem um centavo no bolso, por isso deixa tudo por conta do cartão e paga a fatura no dia em que recebe o salário ou a gratificação. Com esse expediente, nunca deixa de adquirir o que deseja, mas está sempre endividada.

É verdade que alunos que estudam a matéria antes de o professor mandar se saem bem a curto prazo. Da mesma forma, aqueles que só estudam os pontos principais têm chance de tirar boas notas desde que estudem o que cair na prova. São estratégias comuns e, na verdade, quem as aplica acaba saboreando o fruto do sucesso. Mas o que eu quero ressaltar é que nada garante que, com isso, essas pessoas terão adquirido a verdadeira força que as ajudará a vencer na vida.

Se tiverem a bênção de contar com um bom parceiro e com um ambiente de trabalho favorável, elas se sairão bem; terão sucesso na carreira profissional. Entretanto, o desfecho nada tem de previsível, depende da combinação com o parceiro e com o meio, de modo que, em grande medida, o sucesso dessa gente depende da sorte. Em compensação, há outros cujo sucesso independe da sorte. Seja qual for o ambiente em que se encontram, sejam quais forem os seus companheiros de trabalho, eles sempre conseguem produzir resultados palpáveis. Isto se deve ao efeito cumulativo de que falei acima.

Entre os conhecimentos que você acumulou, alguns talvez não sejam rigorosamente necessários à vida; é o que se pode denominar "necessidade desnecessária".[1] Do mesmo modo, certas informações transmitidas na escola não chegam a ser cobradas nas avaliações. Todavia, quem estudou tudo com empenho será capaz de mostrar a mesma eficiência em qualquer situação que enfrentar. É o tipo da pessoa que, pouco a pouco, vai desenvolvendo uma grande estatura.

Em suma, não convém extrair apenas o essencial de uma matéria qualquer. Pode ser que, a curto prazo, isso ofereça um atalho para o sucesso, mas, a longo prazo, nem sempre conduz à verdadeira vitória.

9. Preparar-se para o passo seguinte em vez de ficar esperando a sorte

Isso também se aplica aos negócios. Caso você trabalhe com vendas no varejo, há de saber que é relativamente fácil obter lucro a curto prazo. Por exemplo, pode vender um produto que ninguém tem, oferecer brindes ou lançar um produto novo. Não faltam maneiras de lucrar em pouco tempo.

---

1. Cf. *An Unshakable Mind* [*A Mente Inabalável*], de Ryuho Okawa (Lantern Books, 2003), p. 25.

Um produto pode vender bem num período limitado, mas isso não dura. Uma mercadoria muito vendida pode dar um bom lucro em pouco tempo, mas esse tipo de negócio sempre atrai concorrentes. Não faltará quem o copie, e, à medida que aumentarem os competidores, as vendas declinarão gradualmente. Pode ser bom durante algum tempo, mas, quanto mais concorrentes entrarem no mercado, menor será o seu lucro.

Digamos que você resolveu montar um hotel no centro da cidade. No ramo de hotelaria, se o *working ratio*, isto é, o número de quartos ocupados, for superior a 80%, os concorrentes não hesitarão em entrar no mercado. Se 80% dos quartos do seu hotel estiverem ocupados, quer dizer que há demanda suficiente para que outra cadeia de hotéis se estabeleça na região. Conseqüentemente, mesmo que o seu estabelecimento esteja sempre lotado, assim que o rival começar a disputar o mercado do centro da cidade, você vai sentir uma queda brusca no movimento. Por outro lado, com menos de 70% dos quartos ocupados, o negócio não dá lucro. Com menos de 70%, você entra no vermelho; com mais de 80%, atrai concorrentes. Portanto, só lhe resta procurar manter o número de hóspedes entre 70% e 80% da sua capacidade.

Suponha que você descubra um ótimo lugar sem nenhum hotel e pense: "A localização é excelente. Construir aqui é lucro na certa." Implementa o projeto e, tal como previu inicialmente, ganha muito dinheiro. Mas, enquanto você está ocupado em se felicitar a si próprio pelo sucesso, eis que surge um concorrente e lhe rouba os clientes. Fiar-se apenas na novidade do negócio não garante a continuidade do lucro; em pouco tempo ele começará a declinar.

É bom investir em negócios inéditos, nos quais ninguém tenha se aventurado ainda, mas, ao chegar a certo grau de sucesso, convém ter uma coisa em mente. No caso do empreendimento hoteleiro, é importante garantir que os clientes continuem voltando. Você tem de oferecer serviços e instalações que façam com que as pessoas que se hospedaram uma vez desejem voltar sempre. Não pode querer que voltem só porque não há nenhum outro hotel na região. Mesmo que essa circunstância lhe permita faturar muito, com o tempo, o número de hóspedes tende a diminuir. É importante oferecer serviços que os induzam a voltar.

Não havendo outro hotel na região, é possível manter de 80% a 90% dos quartos ocupados, independentemente do fornecimento de bons serviços, mas é quando um concorrente aparece que a sua verdadeira capacidade se revela. Se ele oferecer serviços melhores, não tardará a atrair todos os seus clientes e a tirá-lo do negócio.

Às vezes ocorrem coisas que, à primeira vista, parecem extremamente propícias, oportunas: a própria realização daquilo que você tanto pediu em suas preces. Aliás, ocorrem com mais freqüência do que se imagina, mas não convém depender delas. Quando tais coisas acontecem, você faz bem em aceitá-las, mas, ao mesmo tempo, já deve ir se preparando para o passo seguinte. Pouco importa que o ambiente seja bom ou não, que a economia esteja aquecida ou em recessão, o fundamental é sempre procurar oferecer um bom produto ou serviço, coisa que lhe permite manter um patamar de faturamento constante. Pode parecer meio tolo, mas essa atitude é muito importante, e eu espero que você a adote.

10. Se as condições forem favoráveis, espalhe as sementes do amor

Até agora, eu me concentrei na adversidade, mas os tempos de bonança também são importantes. Quando as coisas vão bem e tudo acontece exatamente como você espera, é provável que lhe pareça desnecessário pôr em prática o pensamento vencedor. Talvez você pense: "Tudo está indo conforme o planejado, tudo está dando certo: eu não tenho por que me preocupar", mas é justamente nessas ocasiões que é preciso tomar cuidado com as armadilhas ocultas.

Os bons e os maus momentos devem ser encarados da seguinte maneira: os períodos de sofrimento lhe oferecem inúmeras oportunidades de olhar com cautela para si mesmo. Você tem muitíssimo tempo para pensar em si, coisa que o torna mais introspectivo e mais capaz de analisar profundamente o seu próprio caráter. Os tempos de sofrimento são tempos de aprendizado.

E o que fazer quando as coisas vão bem? As fases de bonança são propícias para aprender a dar amor. Você não deve procurar somente tirar proveito da situação. Pelo contrário, faça um investimento espiritual, um investimento nas Leis da Verdade. Em outras palavras, dê amor aos outros.

Não me refiro a ter lucro ou prejuízo, mas quanto mais sementes de amor você plantar nos tempos favoráveis, tanto mais fácil há de ser a sua vida quando tiver de enfrentar a adversidade. Quando as coisas estiverem correndo mal, a possibilidade de as pessoas lhe oferecerem ajuda depende da quantidade de amor que você semeou nos tempos de bonança. Para simplificar, quando estiver em dificuldade, não deixe de se fortalecer e, quando as coisas correrem às mil maravilhas, plante as sementes do amor; repita consigo que é tempo de praticar o amor que dá. Ainda que pareça uma filosofia simplista, na verdade é o caminho do sucesso sustentado.

No entanto, em face da adversidade, as pessoas tendem a desejar ardentemente aquilo que não têm. Lamentam a falta de sorte ou o infortúnio, e tentam obter a ajuda dos outros. Quando as coisas melhoram, enchem-se de orgulho e acreditam que o sucesso se deve exclusivamente ao seu esforço pessoal. Tornam-se arrogantes, e os amigos se afastam. As pessoas desse tipo vão bem quando as coisas estão bem, mas basta a situação se complicar para que entrem em colapso e achem que ninguém está disposto a lhes dar a mão.

Examinando o seu passado, acaso houve ocasiões em que ninguém se dispôs a lhe dar conselhos quando você estava à mercê do perigo ou da crise? Caso tenha tido semelhante experiência, é bem provável que você fosse muito orgulhoso nos tempos em que tudo estava correndo bem. As pessoas excessivamente orgulhosas e obcecadas por si mesmas, que se imaginam no direito de ser amadas por todos e se julgam o centro das atenções, vêem que ninguém se dispõe a lhes dar um conselho que as ajude a evitar um amargo fracasso. São como palhaços atuando sozinhos no picadeiro. Consideram-se muito populares, mas quando param e olham à sua volta, percebem que ninguém está assistindo ao espetáculo. Só diante de uma dificuldade com a qual não conseguem lidar é que finalmente começam a se perguntar onde foi que erraram.

Por outro lado, aqueles que, mesmo quando tudo está correndo bem, não esquecem os outros e continuam semeando amor verão que, nos momentos difíceis, nunca faltará quem se disponha a lhes dar um conselho ou a estender a mão para eles. Sem exceção. Quem tem amor no coração, mostra interesse pelos demais e leva esperança a muitos, ao mesmo tempo que desenvolve a virtude. Se as coisas piorarem, essa virtude há de atrair gente disposta a oferecer ajuda nos momentos de necessidade. É sempre assim; portanto, não se esqueça disso.

As pessoas que se deixam levar facilmente pelo próprio sucesso devem ter muito cuidado. Convém procurar

11. Vise a uma meta um degrau acima

Outro tipo de pessoas que eu gostaria de discutir são as que, tendo obtido 80% do sucesso almejado, extraviam-se repentinamente e acabam amargando um fracasso. É como se tivessem escalado 80% de uma montanha altíssima e, já muito próximas do cume, escorregassem e caíssem. Tenho certeza de que este ponto calará fundo no coração de muitos leitores deste livro.

Você já passou por uma situação parecida? Estava prestes a alcançar o sucesso, mas eis que um súbito imprevisto reduziu o seu sonho a pó. Pois saiba que, se não aprender a superar essa tendência, você nunca chegará a ser verdadeiramente bem-sucedido.

Aqueles que se acham capazes de chegar até certo ponto unicamente para descobrir que o sucesso se esquiva deles, normalmente têm um medo subconsciente à realização. Eu convido essas pessoas a meditarem profundamente. Quando confrontadas com a possibilidade do sucesso, elas se apavoram e tratam de semear o seu próprio fracasso. Fazem isso por temor à realização total; sentem que não a merecem e ficam ansiosas. Em conseqüência, sempre dão um jeito para que o sucesso lhes escape por entre os dedos. Quando falta pouco para atingir um objetivo, a coisa desanda e acontece algo que lhes destrói o sonho. No entanto, o problema está na sua maneira de encarar o sucesso; elas próprias têm medo de se realizar cabalmente.

Uma esposa pode desejar que o marido tenha sucesso na empresa em que trabalha e passe a ganhar mais. Pode desejar que ele seja um executivo, mas isso a transformaria na mulher de um executivo; a idéia a ameaça tanto que ela acaba fazendo alguma coisa para arruinar o prestígio do marido. Por exemplo, adota um comportamento que gere boatos. Ela sente que não se dará bem se o marido for importante, teme que as coisas fiquem mais difíceis. E, inconscientemente, faz alguma coisa para impedir que o marido progrida. Isso é muito comum.

O que provoca semelhante atitude é a falta de experiência de sucesso real. Quem nunca viveu o sucesso se assusta ao perceber que pode vir a ser muito bem-sucedido. Temendo o que pode acontecer se por acaso falhar, trata de fugir.

Ao se deparar com uma situação assim, a pessoa deve pensar que a montanha que ela está subindo no momento não é o Monte Fuji, mas apenas um dos contrafortes que dão acesso a um morro um pouco mais alto — ela apenas chegou a um patamar da escalada.

Quem é assim normalmente se atrapalha ao perceber que já está conseguindo avistar a sua meta, por isso, ao se aproximar dela, sente necessidade de olhar para um objetivo ainda mais elevado. É importante criar o hábito de sempre pensar em termos de um passo adiante, de sempre ter em vista o objetivo seguinte. A pessoa deve repetir consigo mesma que há sempre uma montanha mais alta esperando para ser escalada. Quem for capaz disso nunca fracassará. Pode enfrentar contratempos menores, mas, no final, será sempre bem-sucedido.

Retomando o exemplo do exame escolar, há quem sinta um alívio tão grande ao terminar uma prova que nem procura saber se foi aprovado ou não. Gente assim está sempre às voltas com o fracasso. Por outro lado, há os que, assim que terminam o exame, voltam a mergulhar no estudo, preparando-se para o seguinte. Estes dificilmente se complicam na vida, ao passo que os excessivamente entusiasmados não tardam a perceber que sua vida é uma sucessão de altos e baixo. Assim, tão logo você conquiste alguma coisa, eu o aconselho a estabelecer um novo objetivo e a examinar o que é preciso fazer para alcançá-lo.

12. Pense com flexibilidade e transforme a dificuldade em vantagem

Outro aspecto do pensamento vencedor que eu gostaria de examinar é que, até certo ponto, essa filosofia se assemelha aos princípios do judô. Não basta usar apenas a força para derrubar o adversário. Como expliquei com o exemplo do bambu, você deve se valer dos problemas e das dificuldades, transformá-los em vantagem e, a partir deles, produzir algo positivo. É isso o que significa o pensamento vencedor.

É muito pouco o que se pode conquistar sozinho, mas se você fizer com que algumas forças externas trabalhem a seu favor, é provável que consiga muito mais. Este ponto é muito importante, e eu espero que você o compreenda bem.

Tal como o judô, o pensamento vencedor lhe permite usar a força do adversário contra ele próprio. Estando assediado por problemas e dificuldades, não basta simplesmente suportá-los; é preciso usar a força do adversário para ficar por cima. Seja flexível e pense nas maneiras de tirar proveito da situação. Se pensar sempre assim, você verá as coisas melhorarem constantemente.

Esteja sempre preparado para dar o próximo passo. Pergunte a si mesmo qual é o problema que você está enfrentando agora e, assim que o tiver identificado, descubra o meio de superá-lo. Se você estiver vários passos à frente, o desfecho sempre será positivo.

13. Rumo a uma vida de sucesso cotidiano

Em *O Ponto de Partida da Felicidade*, eu falei no "efeito bola-de-neve",[2] que é a mesmíssima idéia a que me refiro aqui. Se uma coisa for vantajosa, é claro que você deve usá-la, porém, mesmo que não seja, convém meditar sobre ela, extrair uma lição e usá-la para plantar as sementes de um progresso maior. Use tudo quanto acontecer pa-

---

2. Cf. *The Starting Point of Happiness*, de Ryuho Okawa (Lantern Books, 2001), pp. 78-80). [*O Ponto de Partida da Felicidade*, publicado pela Editora Cultrix, São Paulo, 2006, pp. 100-02.]

ra fazer com que o seu acervo de experiências cresça como uma bola de neve. Sendo capaz disso, você não só passará a achar a vida mais agradável como também começará a avançar de vitória em vitória.

No momento, você está olhando para a vida de um ponto de vista diferente do pensamento positivo, mas, em última instância, o resultado é o mesmo. O pensamento positivo afirma que, essencialmente, não existe preocupação nem mal, e essa perspectiva conduz ao monismo da Luz, à idéia de que só existe luz. Mas, se você entender que o propósito da vida, no mundo fenomênico, é descobrir uma luz fulgurante em todas as experiências, não haverá senão sucesso todo dia. O resultado final é exatamente o mesmo do pensamento positivo.

Se você tomar o pensamento positivo como um meio de atingir instantaneamente um alto nível de consciência, por mais que essa filosofia contribua para fazê-lo avançar, o seu crescimento será apenas superficial. Quando você se depara com várias provações no dia-a-dia, é importante que use isso para desenvolver os "músculos" da sua alma e acrescente a verdadeira força.

Se conseguir fazer isso corretamente, vai descobrir que está desenvolvendo uma mente forte e um coração inabalável. Um aspecto do pensamento vencedor é justamente fortalecer muito o coração inabalável. Torná-lo imune ao sofrimento. Quando você estiver enfrentando problemas, ele os absorverá e os transformará em alimento da alma. Praticar o pensamento vencedor é como estar olhando à sua volta, pronto para enfrentar quaisquer problemas e dificuldades, e, assim que alguma coisa acontecer, absorvê-la e transformá-la em força. Trata-se de uma filosofia muito poderosa e de uma manifestação do coração inabalável.

Se alguém o felicitar, expresse gratidão e diga a si mesmo que conseguiu se sair bem graças à ajuda de inúmeras pessoas. Não atribua todo o crédito a si mesmo, seja humilde; pense no sucesso como o resultado da ajuda de Deus e de muitas outras pessoas. Quanto mais realizar, mais humilde você deve ser. Por outro lado, ao enfrentar a adversidade, pense nela como um alimento que o ajudará a crescer e a frutificar. Se pensar assim, você não terá por que temer nenhuma adversidade. Quando surgir uma dificuldade, pode aceitá-la de bom grado, como um período de aprendizado. Acolhendo a adversidade desse modo, você ganhará a força que possibilita à sua alma crescer e a emitir uma nova luz.

Se a adversidade chegar, se, por exemplo, você for rebaixado, passar a ganhar menos, ou se a empresa em que trabalha for à falência, você vai ficar introspectivo, portanto, tire o máximo proveito desse período. Ou seja, em tais ocasiões, em que é normal ficar mais meditativo e reflexivo, aproveite para temperar a alma. Quando as coisas por fim melhorarem, pode se esforçar para tomar um rumo positivo e produzir resultados.

Outra maneira de colocar a questão seria dizer que você deve recorrer tanto à filosofia da auto-reflexão de Buda quanto à filosofia da positividade de Hermes.[3] Quando as coisas estiverem indo mal, concentre-se na auto-reflexão tal como nos ensinou Shakyamuni Buddha e, quando forem bem, procure realizar o progresso e o desenvolvimento tal como nos ensinou Hermes. A doutrina da Ciência da Felicidade contempla as duas idéias — a auto-reflexão e o desenvolvimento — e, valendo-se delas efetivamente, você sempre será bem-sucedido.

Almeje crescer e desenvolver-se anualmente. Depois de sofrer a adversidade, não basta praticar a auto-reflexão e dar um jeito para que o mais e o menos se cancelem reciprocamente. Pelo contrário, enfrente as tempestades que se acercam e aproprie-se da sua força. Mas não se contente em apenas suportá-las até que passem e continuar sendo do exatamente como era antes. Em vez disso, absorva tudo quanto você vivenciou, ao lutar com as dificuldades, e transforme tudo isso em energia aí dentro. Se olhar para trás para ver como você era há um, dois ou três anos, que seja para poder dizer que você, sem dúvida nenhuma, trilhou um longo caminho e aumentou de estatura. Procure verificar, de vez em quando, se isso se aplica à sua vida.

Procurando crescer continuamente como o bambu, você terá sucesso cotidianamente. Eu quero encerrar este livro com o seguinte conselho: recorra às duas filosofias, à da auto-reflexão e à do desenvolvimento, para ser vencedor.

---

3. Hermes, uma parte da consciência do Buda, é o deus da prosperidade e da arte. Viveu na Grécia antiga e pregou as Leis da Prosperidade enriquecida com valores artísticos. Cf. *The Golden Laws* [*As Leis Douradas*], de Ryuho Okawa, (Lantern Books, 2002), pp. 151-53.

Posfácio

Este livro se baseia em seminários de quatro dias promovidos de junho a julho de 1989 para os membros da Ciência da Felicidade. Minha intenção foi mostrar como vencer na vida cotidiana, oferecendo numerosos exemplos a partir de perspectivas diversas. É um livro que pode ser lido de vários modos, apresentando idéias sobre o sucesso, a vida, a felicidade e a metodologia de iluminação.

Se você o ler com cuidado, tenho certeza de que vai perceber que, no núcleo desta filosofia, que liga a auto-reflexão ao desenvolvimento, há uma compreensão clara e profunda da vida e uma sabedoria nascida da experiência.

Este livro deixa clara a essência dos ensinamentos da Ciência da Felicidade, e a sua leitura é essencial para quem está em busca do sucesso.

Ryuho Okawa
Happy Science

Happy Science

Tokyo
#206 2-10-8 Nishi Gotanda,
Shinagawa-ku,
Tokyo 141-0031
Japan
Tel: 81-3-5437-2777
Fax: 81-3-5437-2806
Email: tokyo@happy-science.org

Seoul
3F, 98-52 Kalwol-dong,
Yongsan-gu, Seoul,
Korea
Tel / Fax: 82-2-6408-1384
Email: korea@happy-science.org

Taipei
No. 89, Lane 155, Dunhua N. Rd.,
Songshang District,
Taipei City 105
Taiwan
Tel: 886-2-2719-9377
Fax: 886-2-2719-5570
Email: taiwan@happy-science.org

Hong Kong
Email:
hongkong@ happy-science.org

New Delhi
Email:
newdelhi@happy-science.org

New York
725 River Road Suite #58,
Edgewater, NJ 07020
Tel: 1-201-313-0127
Fax: 1-201-313-0120
Email: ny@happy-science.org

Manhattan
303 Fifth Ave., Suite 608,
(NE Corner of 31st St.),
New York, NY 10016
Tel/Fax: 1-212-725-7258
Email: ny@happy-science.org

Chicago
Email:
chicago@happy-science.org

Boston
Email: boston@happy-science.org

Florida
Email: florida@happy-science.org

Albuquerque
Email: abq@happy-science.org

Los Angeles
1590 E. Del Mar Blvd., South,
Pasadena, CA 91106
Tel: 1-626-395-7775
Fax: 1-626-395-7776
Email: la@happy-science.org

San Francisco
525 Clinton St.,
Redwood City, CA 94062
Tel / Fax: 1-650-363-2777
Email: sf@happy-science.org

Hawaii
1221 Kapiolani Blvd,
Suite 920,
Honolulu, HI 96814
Tel: 1-808-591-9772
Fax: 1-808-591-9776
Email: hi@happy-science.org

Toronto
484 Ravineview Way,
Oakville, Ontario L6H 6S8
Canada
Tel: 1-905-257-3677
Fax: 1-905-257-2006
Email:
toronto@happy-science.org

Vancouver
Email:
vancouver@happy-science.org

London
71-73 Wigmore Street,
London W1U 1QB,
United Kingdom
Tel: 44-20-7486-6462
Fax: 44-20-7486-4430
E-mail: eu@happy-science.org

Germany
Email:
germany@happy-science.org

Austria
Email:
austria-vienna@happy-science.org

Switzerland
Email:
switzerland@happy-science.org

France
Email: france@happy-science.org

Sydney
Suite 17, 71-77
Penshurst Street
Willoughby, NSW 2068
Australia
Tel: 61-2-9967-0766
Fax: 61-2-9967-0866
Email: sydney@happy-science.org

Melbourne
Suite 4, 1st Fl, 269 Centre Road,
Bentleigh, VIC 3204,
Australia
Tel: 61-4-3484-1896
Email: mel@happy-science.org

São Paulo
Sucursal Oeste
Rua Gândavo, 363
Vila Mariana, 04023-001
Tel: 55-11-5574-0054
Fax: 55-11-5574-8164
Email: sp@happy-science.org

São Paulo
Sucursal Leste
Rua Fernão Tavares, 124
Tatuapé, 03306-030
Tel: 55-11-2295-8500
Fax: 55-11-2295-8505

Impressão e Acabamento
assahi
gráfica e editora ltda.